En terrain miné
de Roxanne Bouchard et
du caporal Patrick Kègle
est le neuf cent quatre-vingt-douzième ouvrage
publié chez
VLB ÉDITEUR.

VLB ÉDITEUR
Groupe Ville-Marie Littérature inc.
Une société de Québecor Média
1010, rue de La Gauchetière Est
Montréal (Québec) H2L 2N5
Tél.: 514 523-1182
Téléc.: 514 282-7530
Courriel: vml@groupevml.com

Vice-président à l'édition: Martin Balthazar

Direction littéraire: Martin Balthazar
Design de la couverture: Guillaume Azadian,
d'après une idée de Dominique Corneillier
Photo des auteurs: Mathieu Rivard

Catalogage avant publication de Bibliothèque et Archives
nationales du Québec et Bibliothèque et Archives Canada
Bouchard, Roxanne, 1972-
En terrain miné: correspondance entre une romancière et un soldat
ISBN 978-2-89649-347-0
1. Bouchard, Roxanne, 1972- · Correspondance. 2. Kègle, Patrick,
1975- · Correspondance. 3. Pacifisme. 4. Guerre et société. 5. Écrivains québécois ·
21ᵉ siècle · Correspondance. 6. Militaires · Québec (Province) · Correspondance.
I. Kègle, Patrick, 1975- . II. Titre.
PS8603.O924Z49 2013   C843'.6   C2012-942790-X
PS9603.O924Z49 2013

DISTRIBUTEUR:
LES MESSAGERIES ADP*
2315, rue de la Province
Longueuil (Québec) J4G 1G4
Tél.: 514 523-1182
Téléc.: 450 674-6237
*filiale du Groupe Sogides inc.,
filiale de Québecor Média inc.

Pour en savoir davantage sur nos publications,
visitez notre site: editionsvlb.com
Autres sites à visiter: editionshexagone.com · editionstypo.com

Dépôt légal: 1ᵉʳ trimestre 2013
Bibliothèque et Archives nationales du Québec, 2013
Bibliothèque et Archives Canada
© VLB ÉDITEUR, 2013
Tous droits réservés pour tous pays
ISBN 978-2-89649-347-0

L'auteure tient à remercier le Conseil des arts et des lettres du Québec
pour son soutien financier.
VLB éditeur bénéficie du soutien de la Société de développement des entreprises
culturelles du Québec (SODEC) pour son programme d'édition.
Gouvernement du Québec – Programme de crédit d'impôt pour
l'édition de livres – Gestion SODEC.
Nous reconnaissons l'aide financière du gouvernement du Canada
par l'entremise du Fonds du livre du Canada pour nos activités d'édition.
Nous remercions le Conseil des Arts du Canada de l'aide accordée
à notre programme de publication.

En terrain miné

De la même auteure

Crématorium circus, dans la série *L'Orphéon*, Montréal, VLB éditeur, 2012.

La gifle, Montréal, Coups de tête, 2007.

Whisky et paraboles, Montréal, VLB éditeur, 2005.

Roxanne Bouchard
Caporal Patrick Kègle

En terrain miné

vlb éditeur
Une société de Québecor Média

En attendant, nous pouvons nous dire : tout ce qui travaille au développement de la culture travaille aussi contre la guerre.

Sigmund Freud,
dans Sigmund Freud et Albert Einstein,
Pourquoi la guerre ?, 1933

Présentation du projet

Chaque jour, je remercie Dieu d'avoir eu la chance de naître dans un pays qui ne connaît pas la guerre.

Je suis militaire. Je me suis engagé à défendre mon pays et les valeurs qui font de lui un havre de paix. Dans cette correspondance, j'ai tenté d'expliquer combien les soldats canadiens sont humains et prêts à servir l'humanité. Voilà la voix que j'ai voulu donner à cet échange, que je n'aurais jamais imaginé publier un jour.

Caporal Patrick Kègle

J'étais antimilitariste quand, en 2004, j'ai reçu le premier courriel du soldat Kègle. Posté à Kaboul, il disait travailler au rétablissement de la paix. Qu'est-ce que je pouvais lui répondre? J'ai choisi l'honnêteté: «Si vous étiez vraiment homme de cœur, vous refuseriez de porter les armes.» Contre toute attente, j'ai reçu une deuxième lettre, puis une autre.

Neuf ans plus tard, cette correspondance n'est toujours pas achevée. Et je ne sais plus très bien ce qu'«antimilitarisme» veut dire.

Roxanne Bouchard

Des vacances à Kaboul

2004

Kaboul, 3 mai 2004

Bonjour,

Je suis un gars de vingt-neuf ans, je suis militaire et présentement en mission en Afghanistan. Je tenais à écrire aux Charbonniers de l'enfer pour les remercier, car leur musique me transporte dans un monde imaginaire qui me fait oublier que je suis si loin de mon Québec et de ma famille.

À Kaboul, nous sommes plus d'une vingtaine de pays à travailler conjointement à rétablir la paix.

Je suis basé au camp Warehouse, c'est là que se trouve le quartier général de la Brigade multinationale de Kaboul (KMNB). Il y a plusieurs campements ici, le Canada n'est pas majoritaire. Le gros des troupes se situe au camp Julien, à l'autre extrémité de la ville. On coopère avec les autres pays; le boss (le général) va patrouiller une fois par semaine avec un pays différent. Pour cette mission, je fais partie d'une équipe extraordinaire. Nous assurons la protection du commandant de la Brigade multinationale de Kaboul, qui est un général canadien.

La majorité des troupes sont allemandes, mais il y a aussi les Espagnols, les Danois, les

Finlandais, les Suédois... Nous visitons tous les camps, alors j'ai travaillé avec presque tous les pays qui s'y trouvent. Chacun, bien entendu, a sa culture, et c'est dans de telles circonstances que je m'aperçois de l'importance de la mienne.

Je n'ai pas encore vu Les Charbonniers de l'enfer en spectacle, mais, à mon retour de mission, je vous assure que je serai présent à un de leurs concerts. L'histoire et la culture me passionnent, alors je suis chanceux de pouvoir compter sur eux pour chanter une partie de mon patrimoine. Merci de leur transmettre mes remerciements et mon admiration.

Sincèrement,

Patrick Kègle

Joliette, 5 mai 2004

Bonjour monsieur Kègle,

Je suis la conjointe de *** qui chante avec Les Charbonniers. C'est moi qui réponds à leurs courriels. Habituellement, j'envoie des phrases formatées : « Merci de votre enthousiasme ; vous pouvez vous procurer nos produits dérivés à telle adresse... » Votre mot est cependant si inattendu que j'ai envie, si vous le permettez, de vous répondre un peu plus longuement.

Voilà quelques années, j'ai assisté à une conférence de Pierre Falardeau. Il parlait, évidemment, de la défense de notre culture. Dans la salle, un jeune homme s'est soudainement levé et lui a demandé : « Monsieur Falardeau, vous parlez toujours de "notre culture". C'est quoi, "notre culture" ? Pouvez-vous définir ce que c'est ? »

Falardeau a répondu à peu près ceci : « Un jour, t'iras peut-être en voyage trois, quatre, douze semaines, six mois dans un autre pays, mettons au Japon. Tout seul. Peut-être pour le travail. Au bout de trois ou quatre mois, tu vas parler japonais, manger japonais, marcher japonais pis rêver japonais. Mais, à un moment donné, tu vas fouiller dans ton sac à dos pis, par hasard, tu vas trouver une vieille cassette de Paul Piché. Pour rire, tu vas la mettre dans la machine. Pis là, tu sais-tu quoi ? Tu vas te mettre à brailler ! Ta culture, c'est ça, tabarnak ! »

En lisant votre courriel, j'ai mesuré à quel point Falardeau avait raison.

Les intellectuels d'ici se vantent souvent de s'être construit une culture individuelle faite de connaissances diverses, d'être « internationaux » et bien détachés, n'est-ce pas, de ce petit peuple québécois mangeur de soupe aux pois, prieur de chrétienté et trop porteur de chemises à carreaux. J'ai de la misère avec leur discours. À l'instar de Falardeau, je crois qu'on ne peut faire abstraction de cette culture (épidermique) qui nous définit et qui risque de nous rappeler avec fracas et au moment le plus inattendu qui nous sommes. Merci donc de votre lettre qui témoigne en ce sens.

J'ai lu votre courriel aux musiciens hier et ils avaient l'air émus.

Les seuls contacts que nous avons avec l'armée sont lointains, irréels : « les troupes » sont sur « le terrain »… C'est qui, ça ? Qu'est-ce que ça veut dire ? Pour nous, l'armée est un concept abstrait, déshumanisé, et vous venez de nous rappeler qu'elle est constituée d'individus réels. Nous avons pris conscience de ce qu'exige la vie militaire : partir en mission pendant des semaines, risquer sa vie pour tenter d'améliorer le sort des autres.

Aussi, savoir que leur musique peut vous soutenir dans ce pays de guerre les touche. Ils vous remercient de votre mot et vous souhaitent beaucoup de courage à vous et à votre famille.

Ceci étant, je ne vous mentirai pas : les hommes des Charbonniers et moi-même sommes antimilitaristes.

On ne comprend pas trop, il faut l'avouer, ce que l'armée canadienne fait concrètement en Afghanistan... Devant les images télévisées de désert, de poussière, de véhicules militaires lourds et d'enfants dépenaillés qui marchent dans les bâtiments à demi détruits, on se demande si les armes sont une solution...

Malgré cela, nous espérons que ça se passe bien pour vous. Pour vous tous, évidemment.

Roxanne Bouchard
pour Les Charbonniers de l'enfer

6 mai 2004

Bonjour Roxanne,

Je tiens à vous remercier, ainsi que Les Charbonniers, pour l'intérêt que vous démontrez vis-à-vis de mon courriel. M. Falardeau décrit bien l'âme d'un peuple, le sentiment d'appartenance. C'est vrai que, lorsqu'on est loin de chez nous, les racines sont encore plus présentes, surtout quand on arrive dans un pays tel que l'Afghanistan où le dépaysement est total.

Le pire, pour moi, c'est de devoir quitter ma famille, mes deux enfants qui sont toute ma vie, ma conjointe, Chantal, que j'aime. Les au revoir sont déchirants, car on ne sait pas si on se reverra. Contrairement à un voyage de vacances, les risques de la mission sont présents.

Dans la salle d'attente où les familles et les militaires étaient réunis avant le départ, on pouvait sentir l'angoisse et la tristesse, mais aussi la fierté et le goût du devoir. C'est difficile à expliquer. Comme un pompier qui rêve d'éteindre un feu, le militaire souhaite un jour être appelé à faire son travail, pour pouvoir tester ses connaissances, son équipement sur le terrain. Ce n'est pas une question de vouloir faire la guerre, car le soldat canadien est pacifique, mais seulement d'avoir la chance de servir son pays ainsi que la démocratie.

Dans cette salle, j'ai bien passé une heure avec mon fils Benjamin dans les bras. Si j'avais pu, je l'aurais mis dans mes bagages tellement c'était déchirant de devoir laisser ma famille seule durant plus de six mois. Ma fille Heidi était trop jeune pour comprendre, elle gambadait dans la salle, s'amusait avec les autres enfants, inconsciente de la raison de ce regroupement.

J'avais le cœur gros, mais je devais penser à la mission, sinon je ne survivrais pas six mois.

Le voyage est long : presque vingt heures de vol. La première escale fut à Zagreb, en Croatie. Ce n'était pas la première fois que je foulais le sol de cet aéroport car, en 2002, j'avais fait une mission de six mois en Bosnie-Herzégovine. Ça me faisait drôle de me retrouver dans cet aéroport, mais pour une mission totalement différente cette fois. La deuxième escale fut à Dubaï : la chaleur y était accablante et le dépaysement, total !

Puis, dernier vol, pour Kaboul. Et non le moindre : cinq heures à bord d'un Hercule C-130. Fini le confort ! Les dernières minutes nous ont rappelé que nous entrions dans un pays hostile : le pilote est passé en vol tactique. Un vol tactique, c'est un vol au cours duquel la vitesse et l'altitude sont adaptées au relief et aux obstacles dans le but d'éviter la détection et le feu de l'ennemi. Étant donné l'emplacement de l'aéroport de Kaboul, situé dans les montagnes, les risques d'attaques obligent un atterrissage rapide et l'avion doit faire des manœuvres pour éviter d'être une cible facile. Beaucoup de soldats sont sortis de là le visage vert, à moitié étourdis. Plusieurs étaient malades tellement la descente avait été rapide et mouvementée.

Arrivé au camp Warehouse, je me suis installé dans ma tente. Le confort est très rudimentaire, pas d'air conditionné malgré la chaleur accablante. On dort sur des lits de camp et nous sommes six à partager la tente. Malgré tout, nous réussissons à être bien. Les toilettes et les douches sont fonctionnelles et très propres. La cuisine est bonne : les cuisiniers canadiens font vraiment du bon travail. Ça, ça remonte le moral quand on est en mission ! Quelques employés civils ont été engagés pour leur prêter main-forte : ce sont des Népalais, des gens très respectueux et travaillants.

La première journée, nous avons fait le tour du camp afin de nous familiariser avec les lieux. Nous avons visité notre bureau et avons échangé avec l'équipe en place, dont nous assurions le remplacement. Nous avons également préparé nos véhicules et l'équipement requis pour ce travail (armes, munitions, trousse de premiers soins, radios, GPS, etc.) : tout doit être parfait, car une lacune pourrait être fatale à la mission.

J'étais enthousiaste à l'idée de faire mon travail et je me trouvais aussi chanceux de pouvoir découvrir un nouveau pays, un nouveau peuple ; d'apprendre sa culture et de donner une certaine liberté à des gens opprimés depuis des dizaines d'années. Je savais que ce serait difficile, car la concentration doit être constante, et il faut rester quelque peu méfiant, car l'ennemi peut être partout dans ce pays détruit et corrompu par des décennies de guerre et de dictature talibane.

Le lendemain, première sortie hors du camp. L'arme enfoncée dans le creux de l'épaule, je sortais enfin à bord de mon véhicule ! Fermant la marche, nous assurions les arrières du convoi. La vigilance est de mise, car les kamikazes attaquent souvent par l'arrière. Un peu d'adrénaline a circulé dans mon sang, mais je me sentais bien et en confiance. Enfin, après des mois de préparation et d'anticipation, j'y étais !

Je regardais par la vitre : c'était comme dans un documentaire… Il y a tellement de différences dans la vie de ces gens… Les femmes en burqa me donnent des frissons. La splendeur des montagnes et du paysage devant une ville à moitié détruite… Une ville déjà surpeuplée qui accueille, en plus, des réfugiés. Il y a de la désolation partout. Dans la circulation, c'est l'anarchie : des véhicules désuets qui fonctionnent encore par miracle, des voitures jaunes (Toyota Corolla) à profusion. À l'époque talibane, seuls les taxis avaient le droit de circuler, alors tout le monde en avait – à ce qu'on m'a dit.

La ville est tellement polluée : il y a la poussière et les égouts à ciel ouvert. Certes, ce pays a besoin d'aide, mais il a quand même quelque chose de beau : on sent l'histoire d'un peuple guerrier qui se bat depuis la nuit des temps, mais qui n'a pas encore réussi à trouver sa voie.

La mission est sous l'égide de l'OTAN[1] : nous sommes ici pour assurer la sécurité de la ville de Kaboul afin d'instaurer un nouveau gouvernement démocratique qui pourra continuer la reconstruction de ce pays ravagé par la guerre. Nous devons aussi aider à la formation de l'armée afghane (nouveaux policiers) qui pourra à son tour garantir au peuple une sécurité et peut-être amener une vie plus paisible. Et nous sécurisons les lieux pour permettre à l'OTAN de construire des écoles. Pour que tout ceci puisse se faire, nous devons patrouiller et essayer de trouver des cellules terroristes qui tentent par tous les moyens possibles d'empêcher de telles réalisations.

Les enjeux sont grands. Je ne suis qu'un soldat sur le terrain, mais par mon travail, je côtoie la population et je peux prendre son pouls. Je peux vous assurer que j'ai reçu des éloges de la part de la jeunesse de Kaboul : il y a de l'espoir, mais aussi une crainte qui est tout à fait normale après tout ce que ce peuple a pu vivre. Ce qu'il y a de beau, c'est de voir cette jeunesse qui espère un avenir meilleur et qui, je pense, a droit à son moment de paix.

Je vous envoie des photos pour que vous puissiez vous mettre une image en tête.

---

1. Voir l'annexe 1 pour une chronologie sommaire des événements en Afghanistan.

Sur ce, je vous dis merci, Roxanne, de m'avoir répondu. Votre message m'a touché. Je me demande : vous, que faites-vous dans la vie ?

À bientôt !

Patrick Kègle

8 mai 2004

Monsieur Kègle, bonjour,
J'ai été surprise que vous me répondiez.

Moi, j'enseigne avec amour tendre la littérature québécoise (au collégial), et mon principal objectif, c'est d'éveiller la curiosité des étudiants, de les convaincre que notre culture est belle, riche et enthousiasmante. Prise entre une sur-culture française qui nous dédaigne depuis des siècles et une sous-culture américaine qui dévalorise la beauté au profit du pas-cher-mon-ami, j'avoue que j'ai parfois l'impression de préserver un vase craquelé au milieu d'un terrain de football...

Au-delà de ce que, théoriquement, j'enseigne à mes étudiants, j'essaie surtout de leur apprendre le respect non seulement de notre culture, mais aussi de celle des autres. Je suis convaincue que l'ouverture d'esprit et le pacifisme sont possibles, et, sans être outrageusement naïve, je crois que nous investissons trop en armements et pas assez en solutions pacifiques pour aider d'autres peuples.

Je suis une utopiste, vous auriez raison de le dire, mais je crois en l'éducation, je crois qu'on ne peut se passer de l'intelligence, de la curiosité et de l'acceptation. Je crois que, au lieu de mettre des fusils entre les mains des enfants, on devrait leur offrir l'école en cadeau.

J'éprouve un certain malaise parce que vous m'envoyez des photos de vous en habit de combat, puis d'enfants aux sourires salis qui demandent des bonbons en échange des explosions qu'ils entendent... Je doute qu'on puisse sauver le monde, les enfants et leur sourire avec une mitraillette sous le bras. Cela n'a pas de sens pour moi. Je comprends mal les raisons des conflits actuels, et encore moins le fait que certains – qui se disent hommes de cœur ! – choisissent de tenir un fusil pour promouvoir la paix...

Je m'excuse d'autant d'honnêteté, monsieur Kègle, mais ce que vous me racontez dépasse mon entendement.

Merci pour les photos. Votre femme est belle, elle a beaucoup de douceur dans les yeux. Et vos enfants qui rient. Je comprends qu'ils vous manquent.

Bonne chance et bon courage.

Sincèrement,

Roxanne

12 mai 2004

Bonjour Roxanne,

    Merci d'avoir pris le temps de me parler un peu de votre travail. Avec cette description, je suis prêt à m'inscrire à des cours de littérature, à la condition de vous avoir pour enseignante ! Sans farce, j'aime bien votre approche. Développer la curiosité des étudiants, c'est essentiel.

    Vous savez, je n'ai pas seulement été dans l'armée. Je suis aussi allé au cégep et j'ai fait un cours au professionnel en agriculture (production laitière). Mais hélas, quand j'ai voulu lancer mon entreprise, la réalité m'a frappé en plein visage, car le gouvernement n'aide pas vraiment la relève agricole, à moins d'avoir déjà une entreprise familiale. J'ai travaillé pour des producteurs laitiers et j'ai même été gérant de troupeaux pendant un an, mais je dois vous avouer que j'en ai bavé. J'étais sous-payé et je n'avais plus de vie. Voilà pourquoi, un matin d'été, je me suis enrôlé. J'aurais pu faire des études plus poussées, mais je suis un gars de terrain, comme on dit dans l'armée. J'ai besoin d'avoir un contact avec la nature. La vie m'a fait comme ça.

    Il y a sept ans, par pur hasard, en me promenant avec mes deux chiens (à l'époque, j'en avais deux, mais ils sont morts... une femelle rottweiler et une femelle bouvier bernois), j'ai fait la connaissance d'un homme qui, lui aussi, se baladait avec son chien. Jean-Pierre est aujourd'hui âgé de soixante-huit ans, il est retraité, il était professeur de chimie à l'Université du Québec à Trois-Rivières. Avec lui, j'ai été initié au voilier. Aujourd'hui, il est comme mon deuxième père. Malgré la différence d'âge et de classe sociale, nous sommes depuis ce temps de très bons amis et je vais les visiter, lui et sa femme, presque toutes les deux semaines.

Je vous raconte ceci parce que des fois j'ai l'impression que les gens s'imaginent que les militaires sont sans éducation, sans culture...

Pourtant, y a tellement de choses qui me passionnent, comme de pouvoir correspondre avec vous : ça m'apporterait beaucoup – ça me ferait vivre autre chose que la vie militaire. C'est comme ces longues soirées avec Jean-Pierre, à discuter jusqu'aux petites heures du matin d'histoire, de politique, de la situation mondiale avec ses collègues qui sont spécialistes en la matière. Alors j'apprends beaucoup... devant un bon verre !

Je suis un passionné d'histoire, mais ce qui me touche le plus, ce sont les histoires des gens du peuple. Je suis ouvert sur le monde, j'aime apprendre. J'ai étudié en agriculture, mais aussi en sciences humaines et même en arts plastiques. Pendant ce temps, j'étais champion du Québec en boxe olympique... Tout un contraste, les arts et la boxe! Pourtant, Falardeau dit que ça va ensemble, alors je dois pas être si bizarre...

Plus jeune, je rêvais de devenir missionnaire, de visiter des contrées éloignées tout en ayant la possibilité d'aider des gens. L'armée, c'est ma façon à moi d'être missionnaire et de pouvoir aider. Avant tout, on s'engage à servir notre pays. N'est-ce pas une chance que de pouvoir servir un pays comme le Canada, où règnent la paix et la démocratie ? Quand on sait que beaucoup de personnes dans le monde aspirent à immigrer un jour en nos terres, le sentiment d'appartenance ne peut que croître. Au service de l'ONU et de l'OTAN, notre armée est impliquée dans la paix mondiale, comme faisant partie d'un corps de police du monde. Je cite Edmund Burke : « La seule chose qui permet au mal de triompher est l'inaction des hommes de bien. » Voici ce qui résume en quelque sorte le rôle de l'armée canadienne.

Pour réussir à surmonter les moments difficiles, il m'arrive de m'inspirer de mon oncle, Gilles Kègle, l'infirmier de la rue à Québec. Cet homme, c'est une force incroyable assez rare, je dirais même inexplicable. Je ne saurais expliquer la fierté que j'ai d'être son neveu et surtout d'avoir la chance de le côtoyer. Chaque semaine, il m'envoie une lettre écrite à la main me racontant son quotidien et contenant aussi quelques mots d'encouragement. Imaginez ce que je peux ressentir en recevant de tels encouragements de la part d'un si grand homme de bien ! Je ne peux alors me plaindre de ma condition, cela me donne un deuxième souffle.

Sur ce, je vous dis : faites attention à vous !
À bientôt !

Patrick

23 mai 2004

Soldat,

Il y a environ deux mois, j'ai vu un film dans lequel un jeune garçon rêvait de devenir danseur[1], ce qui faisait enrager son père, un homme aux valeurs traditionnelles travaillant en usine. Après le film, j'ai demandé à mon amoureux de me dire quel métier il ne voudrait surtout pas que son fils choisisse (nous n'avons pas d'enfant). À part vendeur de drogues et autres cochonneries de mafioso, mon musicien ne voyait pas trop ce qui pourrait le déranger.

De mon côté, j'ai toujours pensé que toute escalade de violence est générée par l'escalade de l'armement et que, à la manière des États-Unis, la grandeur d'une armée est directement proportionnelle à sa volonté de dominer le monde, de mettre le plus petit à sa main. Plus il y a d'hommes armés, plus la violence est présente et plus les bavures sont possibles (les scènes de torture de la prison d'Abou Ghraib en sont un dur témoignage).

---

1. *Billy Elliot*, réalisé par Stephen Daldry, Grande-Bretagne, 2000.

Alors moi, je lui ai dit en toute honnêteté que si mon enfant rentrait un jour à la maison avec un uniforme de militaire, je considérerais avoir raté quelque chose quelque part, n'avoir pas su lui inculquer les valeurs de justice sociale et de paix qui sont les miennes.

Quelques jours plus tard, je lisais votre premier courriel...

OK.

J'accepte.

J'accepte de correspondre avec vous, militaire. J'accepte, malgré les photos de sable beige et de vous armé jusqu'au dents, planté dans votre tank métallique au milieu des enfants. J'accepte, mais je ne comprends pas. Vous dites que vous vous ennuyez. J'ai du temps, mes vacances commencent bientôt, je vais vous écrire.

Je n'ai jamais eu l'ambition de sauver qui que ce soit, sauf mon cœur dans la tourmente du monde, et cette tourmente, il semble qu'on puisse difficilement y échapper... Alors, OK. Mais cesse de m'envoyer des photos d'armes, soldat, ça me fait capoter !

Et explique-moi. Explique-moi ce que fait l'armée, raconte-moi tes jours, soldat, persuade-moi que tes mitraillettes ont un sens.

Roxanne

3 juin 2004

Bonjour Roxanne,

Je sais très bien que la guerre et l'armée ne sont pas des solutions idéales.

Ici, en Afghanistan, on dit que, sur une période de deux mille ans, on compte seulement cent ans de paix. Au Québec, la dernière guerre qui nous a touchés de près, c'est-à-dire sur nos terres, est celle de l'invasion américaine. (Nous pouvons remercier le ciel.) C'est pourquoi l'armée devient pour nous un peu inutile.

Mais si on s'intéresse à ce qui se passe dans le monde, on s'aperçoit vite que la paix ne règne pas partout. La montée de l'intégrisme musulman, les projets nucléaires de la Corée du Nord, tous les groupes terroristes, les génocides en Afrique...

Ici, en Afghanistan, c'est le chaos depuis des décennies, voire des siècles. Ce peuple a résisté à de multiples invasions, alors il faut s'imaginer le sort que les habitants ont dû subir.

Pour résumer ce conflit, il faut savoir que les Soviétiques ont envahi le pays en 1979. Ils ont soumis les Afghans, et la CIA a ensuite armé les groupes fondamentalistes d'ici pour les aider, ce qui a entraîné la guerre. À la suite du retrait des troupes russes en 1989, une guerre civile a éclaté, les différents seigneurs de la guerre se sont entretués, plongeant le pays dans une dépression totale.

C'est à ce moment que le mouvement taliban (ça veut dire « étudiant en théologie »), aidé du Pakistan, s'est imposé en prenant à son tour le contrôle du pays et en terrorisant son propre peuple au nom d'Allah. Il faut savoir que l'Afghanistan est composé de plusieurs ethnies (les Pachtouns, Tadjiks, Hazaras, Ouzbeks, Turkmènes, Aïmaks, Brahouis, Baloutches et Nuristanis), chacune avec sa langue et sa façon de vivre, ce qui rend les tensions encore plus vives à l'intérieur du pays.

C'est aussi en Afghanistan qu'Al-Qaïda avait ses camps terroristes, et c'est là que se sont entraînés les kamikazes qui ont commis les attentats du 11 septembre 2001 à New York. Tout de suite après les attentats, des frappes américaines ont eu lieu. Les Américains ainsi que les Canadiens ont combattu aux côtés de l'Alliance du Nord pour repousser les talibans, ce qui a achevé de tout détruire.

Par la suite, le pays a fait une demande d'aide internationale et l'ONU a approuvé, mandatant plusieurs pays de l'OTAN pour fournir une aide à la reconstruction et à l'élection d'un gouvernement démocratique. Alors voici le pourquoi de ma présence en sol afghan.

Il faut y être pour comprendre tout le mélange d'ethnies, de religions combinées aux lois tribales, de racisme. Tu sais, on a rencontré des mollahs dernièrement et plus de la moitié ne savaient ni lire, ni écrire... Alors ne va pas t'imaginer qu'ils comprennent le Coran puisqu'ils ne parlent pas arabe non plus! Ce sont ces mêmes mollahs qui dictent la bonne conduite au peuple!

Après ce que les talibans ont fait subir à leur peuple, surtout aux femmes et aux enfants, qui sont enchaînés par la vie, avons-nous le droit de nous retirer? Comme simple soldat, je préfère servir l'humanité et je ne me pose pas ces questions, puisque j'ai les réponses devant les yeux.

La semaine dernière, un jeune adulte est venu me parler, il se débrouillait assez bien en anglais. Je lui ai posé quelques questions et, enfin, celle-ci: « Es-tu content de notre présence? » L'air un peu insulté, il m'a répondu: « Ne vois-tu pas comment je suis habillé? (Il avait des jeans et une chemise.) Ne vois-tu pas ma coupe de cheveux (à la mode avec du gel)? Et je ne porte pas la barbe! Si je suis content?! Tu ne pourras jamais savoir combien je suis content! Maintenant, je vis! Je suis libre! »

Et il y a d'autres jours où je rencontre des gens qui me font signe qu'ils veulent me tuer. Ça ne prend pas que quelques mois pour changer les mentalités, il faut être patient.

C'est difficile à résumer, l'Afghanistan...

Tu es très gentille et j'apprécie nos échanges. Si tu me donnais une adresse postale, j'aimerais t'envoyer quelque chose. Je te fais aussi parvenir une photo de mon fils et moi parue dans *Le Journal de Québec*. Mes enfants me manquent beaucoup.

Amicalement,

Patrick

6 juin 2004

Soldat Kègle,

Devant l'injustice, je me hérisse autant que toi, sois-en certain. Mais ce que tu dis confirme ce que je pense : toute force armée constitue un danger potentiel. Les Russes, les talibans, les Américains : tous se sont armés pour détruire le pays, et tu crois que d'autres armes le reconstruiront ?

Les États-Unis se font une gloire de leur grande armée qui se donne pour mandat de policer le monde. Mais est-ce vraiment de ce type de police qu'on a envie quand on parle de justice et de démocratie ? Ils ont démoli ce pays non pas parce que les talibans maintenaient en esclavage les Afghans (ce qui n'empêchait sûrement pas Bush de bien dormir !), mais parce que des terroristes se sont attaqués aux Américains ! Il ne s'agissait pas de justice, mais de représailles. Il ne s'agissait pas de libérer un pays terrorisé, soumis à des extrémistes violents, mais de donner une violente leçon à un peuple déjà souffrant. Le marché des armes s'engraisse bien au sol aride de ce désert.

Et tu me dis que, soudain, l'Occident devient bienfaiteur en Afghanistan ?! Trop de bonté ! Merci, bienfaiteurs armés qui faites pleuvoir vos bombes sur la terre muette des agenouillés d'Allah! Moi, je me dis que plus l'OTAN introduit des soldats dans ce pays, plus les talibans poseront des mines et terroriseront la population pour démontrer leur pouvoir...

Quelle puissance saurait policer le monde sans en abuser? Je l'ignore, mais aucun homme armé n'est une solution.

Quand j'enseigne la Révolution française à mes étudiants, je leur dis que, avec la Déclaration des droits de l'homme, la torture a été abolie en France. Je leur demande alors s'ils sont pour ou contre la torture. Ils me répondent tous qu'ils sont contre, évidemment.

Puis je leur fais une mise en situation. Disons qu'un guerrier taliban est capturé et que les autorités croient qu'il a déposé une bombe quelque part. On l'interroge, il refuse de répondre. On le torture, il avoue. Les autorités trouvent la bombe au cœur d'un marché et sauvent ainsi une centaine d'innocents. Je leur demande : a-t-on eu raison de torturer cet homme? La plupart répondent oui. Je leur dis : il aurait pu être innocent! Peut-être, affirment-ils, mais on ne sait jamais. Mieux vaut torturer pour s'en assurer...

Quand on se croit du côté de la justice, et qu'on se sait dans le camp du plus fort, ne risque-t-on pas d'abuser de notre force de la même manière que ceux que nous pourchassons? Les Américains ont-ils le droit de torturer des Irakiens sous prétexte que ceux-ci sont peut-être des écœurants? Si on dit oui, n'entre-t-on pas nous-mêmes dans le cercle des tortionnaires, des abuseurs, des écœurants?

Tu me réponds (évidemment!) que les missions de paix sont essentielles et nécessaires, et c'est fort probablement la raison pour laquelle tu t'es enrôlé. Mais dis-moi : les soldats, qu'ils appartiennent à une armée offensive ou qu'ils s'entraînent en vue de missions de paix, subissent-ils le même entraînement? Si oui, comment savoir qu'on ne sera affecté qu'à des missions de paix? Et comment la femme que je suis peut-elle être sûre que l'armée de son pays défend les principes qui lui tiennent à cœur? Comment puis-je être certaine que les hommes d'ici auxquels les autorités militaires confient des armes sont tous capables de les porter, de les pointer, de tirer avec intelligence et bon sens, monsieur Kègle?

D'ailleurs, ça vient d'où ce nom, « Kègle »?

Roxanne

PS : Ci-joint mon adresse postale.

13 juin 2004

Bonjour Roxanne,

Mon ancêtre est arrivé vers 1780, il faisait partie des régiments de mercenaires allemands travaillant à la solde de l'Empire britannique. Près de trente mille sont venus prêter main-forte aux Anglais, alors en guerre contre les Américains. Mais quand on parle des mercenaires de cette époque, ça veut dire qu'ils étaient obligés, comme conscrits. Ce sont ces régiments allemands qui ont défendu la ville de Québec et ont travaillé à la construction de la Citadelle, mais on en parle très peu dans l'histoire. De ces trente mille soldats, seuls quelque mille cinq cents sont restés en sol québécois et ils ont été payés en terres. Ce sont d'ailleurs ces mêmes mercenaires qui nous ont amené la tradition de l'arbre de Noël (le premier fut érigé à Sorel par le général Von Riedesel et sa femme).

Outre mon sang de mercenaire, j'ai des racines bien québécoises ! J'adore les romans historiques : *Le canard de bois*, de Louis Caron, m'a fasciné ainsi que *Les filles de Caleb*, de Cousture, qui touche un brin à mon histoire familiale, puisque ma grand-mère paternelle est une Pronovost, elle est la petite-cousine de Blanche. Parfois, je pense que je suis né dans la mauvaise époque : le passé, avec ses coureurs des bois et ses colons, vient profondément me chercher.

    La beauté du Québec me manque. Ici, c'est toujours terne, pas beaucoup de couleurs, les montagnes sont spectaculaires, mais elles ne changent pas… La ville est polluée, et les odeurs sont nauséabondes. Ça doit faire trois mois que je n'ai pas vu la pluie ; elle me manque. Lorsqu'il pleut, c'est de la boue qui tombe du ciel. Quand je me couche le soir, je m'imagine le matin au bord d'un lac, la brume est présente, ça sent chez nous… J'entends un huard crier au loin et les bruants qui se réveillent. Ici, la chaleur est accablante, mais au moins les soirées sont bonnes… J'aime tellement mon pays ! Il me manque !

    Alors voilà, je suis un bon Québécois, mais avec un nom un peu différent !

Notre armée représente très bien le peuple pacifique que nous sommes. Tu peux être rassurée là-dessus. Je suis 100 % d'accord avec le fait que l'éducation est l'arme première pour faire changer les mentalités, mais laisse-moi te raconter ici une anecdote qui s'est produite en banlieue de Kaboul et qui a fait le tour du camp.

    Grâce au programme de reconstruction, une école pour filles a été bâtie dans une région dont le nom m'échappe. Les villageois courageux ont choisi d'y envoyer leurs filles, même sous la menace de répression talibane. Les intégristes ont alors mis le feu au bâtiment. Ceci n'a pas découragé les familles qui ont restauré l'école et ont continué d'y envoyer leurs filles pour les instruire.

Face à ce courage, cette détermination, les bourreaux y sont allés de manière plus dissuasive... Ils sont entrés un matin dans l'école et ont coupé la tête de l'enseignante pour ensuite la brandir face aux jeunes filles.

Imagine le scénario chez nous! Aurions-nous le courage d'envoyer nos enfants à l'école après une menace aussi sérieuse? Les Afghans l'ont fait parce qu'ils veulent que les choses changent.

Alors, pour l'éducation dans ce pays, nous devons tout de même assurer la sécurité, sinon, pour ces jeunes femmes, elle ne sera jamais possible.

Patrick

22 juin 2004

Monsieur Kègle,

Quoi? J'échange des courriels avec un militaire d'origine allemande dont l'ancêtre était un mercenaire engagé par les Anglais? Bon sang! Tu le fais exprès, soldat?!

Hier, mon amoureux et moi avons regardé le film *Osama*[1] que tu nous as aimablement fait parvenir. Je comprends mieux ton débat moral, soldat : comment ne pas être violemment interpellé par la lapidation, la vente d'enfants aux mains de talibans extrémistes qui les violent, les emprisonnent, les réduisent en esclavage au nom d'un fanatisme religieux qui sert surtout leurs intérêts et leur pouvoir personnels?

Mais qu'y a-t-il d'étonnant là-dedans?

Les marchés les plus florissants sont ceux des armes, des humains, de la drogue. Combien y participent activement et vivent dans le faste, l'impunité des voyous aux dents d'or?

Tu veux prendre les armes, lever une armée et sauver le monde? Être un héros!...

---

1. *Osama*, réalisé par Sedigh Barmak, Afghanistan, 2004.

Mais, monsieur Kègle, si nous devons laver toutes les crocheries de l'humanité, jusqu'où irons-nous? Qui partira en guerre contre les touristes qui achètent, sur les plages ensoleillées de la République dominicaine, de petites esclaves haïtiennes? Qui dénoncera les exploiteurs d'ouvrières sous-payées dans les usines textiles de Vancouver, de Montréal? Que faire avec tous ceux qui battent leur femme et jouissent sur le corps violé des enfants?

Et les autres? Parce que ça n'a plus de fin! Que ferons-nous de ceux qui déversent le pétrole dans la mer? De ceux qui achètent les marchandises de la honte: vêtements, meubles, électroménagers, souliers, voitures, matériel informatique, objets *cheap* fabriqués par les mains de la misère enfantine? De ceux qui portent fièrement des marques renommées salement étiquetées China, Bangladesh, India, Mexico dans un tissu crève-la-faim qui meurt de soif?

Je ne sais plus toujours où sont les bons et où sont les méchants, soldat. J'ai peine à voir le blanc en blanc et le noir en noir. Du coup, je crois que, si je portais une arme, je ne saurais pas où tirer.

Là où la violence règne, seule la maîtrise de cette violence par une force plus grande encore peut arriver à contrôler le débordement, c'est ce que tu me dis.

Et ça me fait peur.

Roxanne

25 juin 2004

Bonjour Roxanne,

Je t'écris pour te rassurer, car il y a eu un attentat à la bombe dans les rues de Kaboul et un soldat canadien a été blessé, mais ce n'était pas moi. Ce soldat en était à sa dernière semaine de travail en sol afghan. Les talibans ont l'habitude d'essayer de frapper sur les fins de rotation pour déstabiliser le moral des troupes.

Ça m'a rappelé que, deux semaines après mon arrivée, j'ai été appelé sur les lieux de l'attentat qui a tué le caporal Jamie Murphy.

Nous nous sommes rendus sur place pour constater les dégâts. C'était de l'adrénaline à l'état pur. Ce qu'on est habitué à voir dans les films, eh bien, nous en faisions maintenant partie, nous étions les vrais acteurs dans un pays où la guerre frappe depuis des lunes.

Ce que j'ai ressenti en voyant ce drame est difficile à expliquer. Il y a tout d'abord la mission : le focus doit être à 100 %, car on doit assurer la protection du boss. Il y a la tristesse de savoir un camarade mort en mission, une pensée pour la famille m'a traversé l'esprit immédiatement. J'ai vu au sol les morceaux du corps du kamikaze, j'ai aperçu sa tête, il portait la barbe et avait encore son turban. C'est très étrange comme situation, tout bouleverse l'esprit, mais seulement une fraction de seconde, car le focus et les *drills* reprennent le dessus, pour notre survie.

De retour au camp, mes collègues et moi avons parlé de cet incident. À ce qu'on a entendu dire, le kamikaze était un Canadien d'origine pakistanaise... Canadien? Son père serait mort en 2002 lorsque les premières frappes ont eu lieu ; il aurait fait partie d'Al-Qaïda et son fils aurait fait ce geste pour venger son père et pour Allah. Je me suis posé beaucoup de questions sur l'existence humaine, sur les religions et sur la vie.

Cela vient nous sortir complètement de notre confort. Pourquoi s'enlever la vie ainsi?

Le lendemain, c'était la cérémonie funéraire pour le caporal mort en service. Elle se tenait au camp Julien. Nous nous sommes donc déplacés à l'autre extrémité de la ville pour que le boss y assiste.

Lors d'une sortie, il faut penser à tout, le moindre oubli peut être fatal. Arrivés à destination, nous demeurons dans nos véhicules à l'écoute de ce qui se passe dans les airs. Nous restons prêts à toute éventualité, mais, dans un camp comme celui-là, les risques sont vraiment minimes et la sécurité est au maximum : ce sont nos hommes (le Royal 22e Régiment) qui assurent la sécurité.

Nous avons entendu les bourdonnements de la cornemuse qui jouait *Amazing Grace*; j'en avais des frissons. Cet instrument est presque spirituel pour les soldats, il donne du courage et fait couler les larmes lorsqu'un des nôtres a été tué. À peine l'hymne terminé, nous avons entendu à la radio qu'un kamikaze venait de se faire exploser et qu'il y aurait un mort du côté de l'OTAN. Immédiatement, nous avons avisé le boss et nous sommes partis précipitamment en direction du quartier général. À ce moment, l'insécurité a voulu s'installer en moi ainsi que chez mes collègues : en une semaine, deux attentats...

Au retour, nous avons tenté de prendre des chemins différents pour éviter de peut-être subir un attentat à notre tour, mais nous sommes quand même passés sur les lieux de l'incident. C'est terrible les dégâts que peut faire une telle explosion ! Du véhicule du kamikaze, il ne restait que la transmission, les restes étaient en mille morceaux. Pour ce qui est du véhicule de l'OTAN (une jeep britannique), il n'était pas trop amoché, mais le souffle de l'explosion avait réussi à tuer deux soldats (un Britannique et un Estonien).

Arrivé au camp, j'étais vraiment heureux d'avoir enfin terminé cette journée ! J'ai quand même bien dormi, j'étais tellement fatigué ! Mais on se pose beaucoup de questions, le destin aurait pu aussi bien tomber sur nous qui étions passés au même endroit seulement quelques minutes avant l'attentat.

Et ce qui est le plus bizarre, c'est qu'on développe une certaine dépendance à cette adrénaline. Les sensations fortes et la fierté de ce travail me comblent, et en même temps j'ai peur, car j'ai une famille. Pour rien au monde je ne voudrais que mes enfants se retrouvent sans père.

Sur ce, je te dis à plus tard.

Patrick

1er juillet 2004

Bonjour Patrick,
 Il pleut.
 Il pleut depuis toute la surface grise du ciel jusque sur l'écorce des arbres, jusqu'à l'herbe sèche et craquante qui s'apaise enfin.
 Il a plu l'autre soir d'une pluie étrange, d'à peine un nuage qui est passé calmement, s'est avancé jusqu'à nous qui étions au restaurant, s'est arrêté au-dessus de l'église, face à nous qui mangions de la bouffe arabe devant la fenêtre. Il a plu tout un nuage de pluie bien droite et drue qui est tombée sans sourciller sur le parvis de l'église, sur le perron de l'église, sur le gazon de l'église, et les rayons du soleil sont passés à côté du nuage, se sont pliés à quarante-cinq degrés et sont venus regarder la pluie qui tombait, droite et drue ; ils ont traversé la pluie, se sont couchés sur le gazon et se sont laissé détremper.
 La maison d'à côté du restaurant, en planches de bois peintes en jaune, tendait son toit de grosse tôle rouge au ciel. Les gouttes de pluie venaient s'y abattre en un fracas lourd, s'y morceler en mille gouttelettes, y rebondir, feu d'artifice teint de lumière rosée, avant de retomber sur la tôle et de se laisser glisser, vaincues, jusqu'au bout du

toit, jusqu'au sol, en chute libre et consentante. Le soleil éclairait la scène comme si ç'avait été un spectacle pour touristes, comme si la pluie était un don du ciel, comme si le moment méritait un projecteur céleste.

Aujourd'hui, le soleil n'est qu'une petite lumière fade derrière les nuages. Le gris lézarde le ciel de teintes plus ou moins vives et nous nous terrons sagement dans le chalet, envahis par cette tranquillité sereine et vacancière qui justifie les jeux de société. La paix semble monter de la terre elle-même et transfigure l'excitation joyeuse des estivaliers en une douce accalmie familiale. Les jours de pluie, on retrouve l'odeur de la terre, le chuchotement des eaux, le silence du ciel et le creux du divan. Les jours de pluie, on réinvente la paix.

Nous avons loué un chalet à Saint-Gabriel au bord du lac Maskinongé, où j'apprends la planche à voile. C'est un vieux chalet construit en retailles: retailles de bois, retailles de tapis, retailles de tapisseries. Les rideaux sont d'un jaune sale sur lequel des lignes noires tracent des cartes géographiques périmées, le tapis est tissé de toutes les couleurs, les chaises sont roses, les divans mauve vieilli, les lits sont ornés de juponnages fleuris. On voudrait se sentir chez soi qu'on ne le pourrait pas; ici, c'est du chalet tout craché, plein les murs, la décoration et les voisins qui viennent nous offrir le dessert dans de petites assiettes dépareillées.

La visite se bouscule sur la galerie à des heures farfelues. Comme dans un moulin, ça entre, ça sort, ça salit le tapis de toutes les couleurs pendant que je bois mon verre de vin en disant à tout le monde que c'est donc beau ici et allez donc voir le tableau dans la chambre à coucher, une merveille datant d'avant ma naissance qui représente une danseuse qui s'étire avec un grand cygne derrière elle.

Un vrai chalet qui fait chaud au cœur.

Malgré les horreurs qui saignent sur le monde, soldat, le bonheur existe. Je te le jure.

Roxanne

PS : Je joins une photo à ce courriel, soldat. Ainsi, tu connaîtras le visage de ta correspondante.

2 juillet 2004

Bonjour,

Que ça fait du bien de recevoir un message comme celui-ci! Pour un moment, je me suis mis à rêver. Tu écris bien, c'est gênant pour moi. Je suis content de savoir que tu passes des belles vacances. Ici, c'est la sécheresse...

Il me reste trente et un jours à faire, après ça va être mon tour. Si tu savais combien j'ai hâte!

Aujourd'hui, nous avons visité une école de jeunes filles. C'était drôle, car elles étaient vraiment très gênées par notre présence! On voit dans leurs regards qu'elles apprécient notre délicatesse, chose qui est quasi inexistante envers les femmes dans la culture afghane. Pourtant, les hommes passent leur temps à s'embrasser et se cajoler en public... Drôle de culture pour nous qui aimons tant nos femmes!

À un moment, je sécurisais seul un des côtés de l'école. Les jeunes filles d'environ seize ou dix-sept ans étaient toutes aux fenêtres, curieuses de notre visite. Je sentais qu'il y avait un peu de jubilation dans l'air – de voir un homme étranger peut-être? Je me suis assuré de n'être vu par personne et leur ai envoyé un salut de la main très banal... Les sourires sont apparus par dizaines! Immédiatement, je leur ai envoyé un baiser de la main, juste pour voir... J'ai presque senti les murs de l'école bouger tellement elles étaient euphoriques! Je me souviendrai longtemps de cette visite! J'ai fait mon Don Juan et ça a marché... même à Kaboul!

Ma journée est terminée, il me reste à aller souper, en espérant que les cuisiniers nous ont préparé quelque chose de bon! D'habitude, c'est quand même bien, mais j'ai hâte de pouvoir choisir le plat dont j'ai envie! Manger du BBQ, prendre une bière ou un verre, aller faire l'épicerie, etc. Des choses qui sont banales, mais qui me manquent énormément. Je vais aussi aller faire un peu de jogging, car aujourd'hui c'est repos de musculation.

Après, eh bien, une autre journée de passée! Je vais aller au lit, dans un merveilleux lit de camp avec un minuscule matelas de mousse. Chaque matin, je me réveille avec une douleur musculaire! Dire qu'avant mon départ, je me suis acheté un mobilier de chambre et un matelas neufs! J'ai couché dedans seulement une semaine! J'ai hâte de pouvoir en profiter!

C'est à ça que ressemble un peu la vie que je mène ces temps-ci. Je suis impatient de retrouver ma liberté, d'entendre le chant d'un huard au bord d'un lac. Alors je te remercie pour ton si joli message. J'aimerais bien pouvoir écrire de cette façon. Ça fait du bien à lire, ça change du vocabulaire militaire et des anglicismes. J'ai toujours hâte d'avoir de tes nouvelles, car très peu de gens à part Chantal m'écrivent. Mes chums de gars me laissent quelques lignes comme « Salut, ça va ? Lâche pas ! », rien pour me remonter le moral comme tu le fais !

Profite de ces vacances de rêve !

Patrick

5 juillet 2004

Salut soldat!

Quoi? Me voilà affectée d'office au moral des troupes?! Argh...

Sans blague...

L'autre jour, en lisant cette lettre où tu me parlais de l'attentat et de ton inquiétude, je me suis aperçue que mes propos antimilitaristes, je les énonçais avec dureté et que, finalement, j'avais l'air plus agressive avec mon crayon que toi, malgré tes fusils. Moi qui prêche l'ouverture d'esprit, le respect et la compréhension de l'autre, je n'ai pas été très aimable depuis le début de cette correspondance et je m'en excuse. La vérité, c'est que cet échange m'apprend, soldat, à entendre autrement le discours militaire des hommes qui vont en pays de détresse.

Il y a quelques jours, par exemple, j'ai écouté une entrevue[1] avec le lieutenant-général à la retraite Roméo Dallaire, et ce qu'il disait m'a beaucoup émue. Il parlait surtout du Rwanda, mais il a fait des clins d'œil, entre autres, à l'Afghanistan.

---

1. *Les francs-tireurs*, Télé-Québec, 26 juin 2004.

Trois éléments dans son discours m'ont frappée. Je te raconte?

Le premier élément, c'est sa conception, sa description de l'entraînement militaire. L'intervieweur lui a demandé: «C'est pas un peu malade de se lever à 4 heures pour aller courir comme des fous lourdement chargés? Cet entraînement épuisant, n'est-ce pas fait pour affaiblir la capacité de jugement des soldats, comme dans les sectes?»

Dallaire a expliqué que c'était, au contraire, pour habituer les hommes à réagir intelligemment dans des situations d'extrême fatigue, de tension énorme.

L'autre a insisté: «On peut réagir à tout?» Dallaire a dit: «Non, pas à tout.» Il a alors fait une distinction entre l'entraînement physique et l'entraînement moral, expliquant qu'un homme qui rentre de mission avec une blessure physique (une balle reçue dans la jambe, par exemple) revient avec une blessure «honorable». (Un vrai gars, tsé veux dire...) Par contre, s'il revient avec des blessures psychologiques importantes (comme lui-même, qui a failli se suicider), c'est honteux aux yeux des gens. Il a ajouté: «Comment entraîner des soldats à voir un charnier humain, à sentir l'odeur des morts, à entendre les corps qui glissent? À entendre un homme, au téléphone, qui te demande de l'aide, et la minute d'après, les coups de feu qui l'abattent?»

L'intervieweur a ensuite dit au lieutenant-général Dallaire: «Alors, quand la situation devient pénible et que, en plus, une dizaine de soldats canadiens meurent en mission, l'armée devrait revenir, non ? » Il y a eu, à cet instant, un éclair dans les yeux de Dallaire, quelque chose de courageux et, surtout, qui semblait dire à l'intervieweur que le général n'aurait pas voulu de lui dans son régiment. Il lui a répondu à peu près ceci : « Pensez-vous que la vie de dix hommes canadiens vaille davantage que la vie de centaines et de milliers de Rwandais ? Parce que si dix soldats meurent en mission, nous devrions abandonner tous ceux qui souffrent ? Les laisser à leur misère ? Ça voudrait alors dire que ces dix hommes, qui sont décédés parce qu'ils croyaient en une cause juste, sont morts pour rien ? Que la cause pour laquelle ils ont donné leur vie n'est, aujourd'hui, plus importante ? Que leur mort n'a servi qu'à nous faire abandonner les lieux, abandonner les gens à leur sort ? Quatre-vingts pour cent des gens de cette planète vivent dans la misère et la souffrance, et tant que les vingt pour cent riches et heureux ne seront pas prêts à des sacrifices, nous vivrons dans un monde qui accepte de laisser souffrir les quatre cinquièmes de la population. »

Finalement, le troisième élément du discours de Dallaire qui m'a estomaquée, c'est sa réponse quand l'intervieweur a demandé : « Vous qui avez lutté contre tant d'hommes armés, pensez-vous, quand vous me regardez, que je pourrais être quelqu'un de violent, que je pourrais tuer ? »

Le général lui a répondu en lui donnant un exemple de la crise d'Oka. Les Blancs disaient toujours que les Amérindiens étaient des écœurants, des sauvages. Or, quand les militaires canadiens ont fait sortir certains Amérindiens (vieillards, femmes enceintes, enfants...) de la réserve pour les amener en sécurité, les Blancs se sont postés le long de la route et ont lancé sur les autos des pierres, des briques, toutes sortes de cochonneries en les invectivant. Tout ça parce que la route était barrée et que ces Blancs devaient faire un détour pour se rendre au travail.

Dallaire a ajouté : « Pensez-vous qu'ils voulaient intimider les Amérindiens ? Non. Ils voulaient les tuer. Ils les auraient tués tout simplement parce que ceux-ci les forçaient à faire un détour en auto. Tout homme peut se transformer en tueur pour des raisons anodines. »

Je ne sais plus quoi penser de la violence incontournable de l'humanité ni de l'utilisation des armes, Patrick. Une chose est certaine : si on doit confier des fusils à des hommes pour lutter contre la démence du monde, je souhaite que ceux-ci soient entraînés à ne pas tirer n'importe où, n'importe comment et qu'ils sachent supporter la colère, la frustration et l'horreur mieux que moi qui cauchemarde sur les nouvelles du soir...

Mais ne te fais pas d'illusions, quand même, soldat : je ne me mettrai pas à faire la promotion

des Forces armées, ni des soldats machos qui envoient des becs poussiéreux de garnements salvateurs aux fillettes, ni de l'armement !
Wô là !

Roxanne

10 juillet 2004

Salut Roxanne,

Je t'avais glissé un mot un jour au sujet de mon oncle qui est infirmier de rue à Québec; eh bien, sa biographie[1] va être publiée cet automne, avant le Salon du livre de Montréal. Cette semaine, l'auteure m'a envoyé un courriel avec quelques questions pour son livre. Alors j'ai pensé à toi; le monde littéraire me touche ces temps-ci!

Concernant le général Dallaire, il y a une sœur (communauté du Bon Pasteur) qui est bénévole avec mon oncle. Elle a vécu le génocide au Rwanda. C'est le général qui s'est occupé de leur évacuation. Elle m'a parlé un peu de ce qu'elle a vécu, c'est terrible. Il n'y aura jamais assez de mots pour expliquer des choses aussi affreuses. Pourquoi cette bêtise humaine? Son regard en disait long lorsqu'elle me racontait ce cauchemar, et à la fois elle me glissait des souvenirs du paysage paradisiaque et d'amitiés perdues avec ce peuple.

---

[1]. Anne-Marie Mottet, *Gilles Kègle, l'infirmier de la rue*, Boréal, 2005.

Je m'imagine cet homme qui a tenté de tout faire pour intervenir... Ce qu'il a dû porter sur ses épaules... Elle et sa communauté m'ont promis de m'inclure dans leurs prières. Ça me rassure, car je suis croyant. Je prends toute protection avec moi ! Même celle de Dieu !

Cette semaine, on est allés patrouiller en banlieue nord de la ville. Les gens travaillaient dans leurs champs de vignes. Ils récoltent le raisin et le font sécher dans des huttes. Ensuite, ils l'utilisent pour cuisiner leurs plats, contrairement à nous qui en ferions du vin. La consommation d'alcool est interdite par le Coran. Les habitants avaient l'air paisible, certains étaient en train de prendre le thé tout en bavardant; c'était comme si l'heure n'existait pas, que les gens avaient le temps... C'est un contraste avec la réalité, mais ça fait quand même du bien de voir des familles qui vivent malgré cette tension.

J'ai aussi pensé t'envoyer un poème que mon cousin a composé pour moi. Ce matin, en ouvrant mes courriels, j'ai eu la surprise d'apercevoir son nom ! On a été élevés ensemble, mais avec les années, on s'est un peu perdus de vue. À l'époque, nous étions très proches. Au moins, cette mission va peut-être nous rapprocher un peu... Il a du talent pour les poèmes, j'ai été très ému quand j'ai lu celui-ci sachant qu'il était pour moi !

Cette mission m'endurcit, mais en même temps je deviens plus émotif... C'est bizarre. Si je dois m'exposer au danger pour le travail, risquer ma vie pour un camarade, je le fais sans même y penser, mais, du même coup, avec des enfants à la maison, je prends conscience de la fragilité de la vie, je constate à quel point elle peut être éphémère.

Je vois des enfants sans espoir. L'autre jour, des jeunes couraient vers nous, demandant quelques friandises ou des bouteilles d'eau. Lorsqu'on s'est arrêtés, il y avait un gamin qui courait sur une patte à l'arrière du groupe, son pied gauche était noir. Il avait sûrement la gangrène. Ce jeune garçon n'aura pas la chance de s'en sortir puisqu'il n'a pas accès aux soins de santé... Ça me touche. J'aimerais en faire plus, mais on ne peut pas sauver la planète. C'est un aspect de mon métier qui me rend non pas plus faible, mais plus émotif. Tu vois ? Bon, je te laisse là-dessus, je voulais juste partager avec toi ce moment de la journée. Je ne veux pas prendre de ton temps...

J'ai oublié de te remercier pour la photo.

Deviens-tu une experte de la planche à voile ?

Bye !

Patrick

Au loin, comme des grains de sable dans mes
yeux
Comme autant de perles sur des joues
blessées
Comme un soldat dans le désert esseulé
Qui appelle la paix, qui appelle les dieux.

Pourquoi tant de cris en ce monde ?
Hérissants comme mille barbelés
Je les entends, ils m'inondent
Ces échos d'effroi, ces visions morcelées.

Tant de joyaux sur la toile des nuits
Tant de splendeurs sous le soleil levant
Comment peut-on détruire autrui
Sans noircir notre cœur d'enfant ?

Mais où s'en est allé le temps des doux vents ?
Reviendra-t-il bercer les feuilles des grands
chênes ?
Oui, dit tendrement le père à ses enfants,
Lorsque les hommes fracasseront leurs
chaînes.

Érik Goudreault

12 juillet 2004

Salut militaire!

Non, je ne suis pas experte de la planche, mais le gars qui en loue s'amuse à me tuer au travail, grossissant les voiles et me choisissant des planches de plus en plus légères (versantes dans la vague). Quand je me ramasse la tête dans la flotte et que je demande une voile plus petite, il me refile un harnais pour que je m'attache à la voile! Je le traite de malade mental et il réplique: «T'as peur?» Entre le bon sens et l'orgueil, je choisis toujours l'orgueil...

Depuis dix jours, donc, j'ai mal aux biceps. Ouais. Mais oh! Je deviens musclée! Je sais que ça te gêne d'écrire à une femme de lettres et je me dis: ce sera quoi le jour où tu perdras notre partie de bras de fer? Mais pas folle: j'exigerai un test antidopage avant! On peut pas avoir des bras comme ça sans avaler des caisses de stéroïdes, soldat!

La planche à voile, pour vrai, je trouve ça extraordinaire. C'est un sport de vents, de nuages, de temps mauvais; quand tout le monde reste enfermé et se plaint, on sort en courant, bénissant la bourrasque! Mais c'est surtout un sport d'équilibre — équilibre sur les vagues, équilibre dans le vent et équilibre avec soi-même.

Quand je suis fatiguée, impatiente et sacreuse, la voile m'envoie systématiquement à l'eau. Alors m'asseoir, laisser passer le temps, admirer le paysage et me dire que la vie est belle. Et repartir tranquille. Zen, cher.

Mon musicien, qui était venu quelques jours au début des vacances, est reparti. Il préfère pratiquer à la maison, seul. Je crois que ça l'ennuie de me voir écrire tout le temps. Je me suis rentré la tête et le stylo dans un roman – c'est la première fois que j'entreprends un tel projet d'écriture et je voudrais beaucoup le mener à terme ! Alors, je m'entête, malgré la solitude...

Et je file sur l'eau pour me changer les idées ! Quand je flotte dans le vent, je chante Dubois : « Je suis infidèle / La musique m'appelle / L'amour m'envahit / Les forêts me hantent / Le spectacle m'enchante... » C'est une chanson pour décoller loin et faire la paix, ce que je te souhaite à toi aussi.

Roxanne

14 juillet 2004

Bonjour Roxanne !

J'espère que dame Nature est toujours généreuse pour tes vacances.

J'ai une planche que mon ami Jean-Pierre m'a donnée, mais je n'ai encore jamais pratiqué ce sport. Par contre, j'ai déjà fait de la voile avec lui sur le lac Saint-Pierre. À l'époque, il avait un voilier de vingt-deux pieds, j'ai vraiment aimé ! C'est la tranquillité et la liberté ! J'aime les sports de plein air, le contact avec la nature.

Une chose est certaine, c'est que je veux être informé sur ton roman, car ça m'intéresse beaucoup ! Si je savais bien écrire, j'aimerais publier un livre qui raconterait l'histoire de mon ancêtre allemand et de son arrivée au Québec. Mais ces idées vont rester dans mes pensées, car pour le talent littéraire, j'ai passé mon tour...

Cette semaine va être chargée. On a plein d'endroits à visiter avant le départ. Ce matin, c'était l'inauguration d'une garderie construite par notre armée ainsi que les Allemands et les Britanniques. Les enfants étaient beaux avec leurs costumes traditionnels ! Et les femmes étaient dévoilées ! C'est très rare ! Je pense que ça va me faire drôle de revoir toutes ces belles femmes du Québec !

Demain, grosse journée. On va aller s'exercer sur un champ de tir près des montagnes. On va tirer avec nos deux armes personnelles : C-8 (fusil mitrailleur 5,56 mm) et pistolet 9 mm. Je sais que ça doit pas te dire grand-chose... Mais c'est pas grave, sache que je ne suis pas un amateur d'armes ! Mais pour les besoins de la cause, je les maîtrise sûrement mieux que plusieurs mordus. Après le travail, j'oublie tout ce qui est armes ou militaire.

Ensuite, pour le reste de la journée, on se rend à l'aéroport, car les troupes commencent à quitter et le boss veut aller saluer les soldats qui vont rentrer. C'est dangereux car, si l'ennemi veut nous attaquer, il va savoir que, chaque jour, nous empruntons la même route... Une expression du métier dit : la routine tue. Et c'est vrai. C'est à la fin des missions que l'ennemi frappe le plus. Et jusqu'à la fin, ça devrait ressembler à ça.

À part ça, je continue de m'entraîner pour notre partie de bras de fer ! Et rassure-toi : je ne prends pas de stéroïdes... Mais beaucoup de protéines !

Fais attention à toi, j'ai hâte d'avoir de tes nouvelles.

Profite du beau temps. Bye !

Patrick xx

15 juillet 2004

Salut Patrick,

Mon plus beau moment de la journée, c'est l'heure où les gens dorment encore et où les chalets sont silencieux. J'ai fait du café en douce et me suis enfuie, comme tous les matins, vers la plage. Avec mon calepin et mon stylo, bien sûr, même s'il faudra tout retaper plus tard.

À cette heure-ci, elle est encore déserte, les moteurs dorment tard et seules les corneilles se promènent au-dessus de ma tête en se souhaitant une bonne journée. C'est l'heure où il n'y a que le silence qui peut m'interpeller, et le clapotis de l'eau contre la coque des bateaux. Le lac est à peine froissé de vaguelettes endormies et on voit très bien, au loin, le reflet des collines feuillues dans le miroir de l'eau. Le ciel est vaste et le soleil, encore calme. Bien malin celui qui pourra prédire le vent.

Je peine à savoir quoi te répondre quand tu me parles d'entraînement, d'armes, de fusils mitrailleurs, moi qui n'ai dans la tête que l'espoir du soleil levant pour toute cette humanité qui me désole.

Avant-hier, j'ai lu dans *L'actualité* un article dans lequel deux journalistes se demandent si la torture est nécessaire. Un avocat français répond que la torture est inacceptable alors qu'un criminaliste américain dit que, puisqu'elle est inévitable, aussi bien l'accepter et la réglementer.

Inévitable.

Il a raison, je sais. Il serait utopiste et stupide de croire que l'humanité mettra fin un jour à la violence. Or, mieux vaut contrôler cette violence, oui, et, pour le faire, je n'enverrais pas au front des hommes désarmés avec des fleurs dans les cheveux, c'est sûr... Je ne voudrais pas non plus que mon armée soit remplie de tireurs excités et sadiques, car je ne pourrais plus espérer aucune justice. Donc, d'une certaine façon, tu as peut-être raison, Patrick Kègle : puisque la violence est inévitable, puisqu'il y a des milliers de terroristes, de tortionnaires déguisés, de sales mafieux qui tuent des enfants pour de l'argent, il faut réagir et faire en sorte que des hommes de justice s'arment, se protègent et aillent lutter contre l'horreur.

Peut-être.

Depuis toi, j'ai peine à ouvrir les nouvelles du monde et je me réfugie dans mon cœur, au creux de ma colonne, pour rester paisible devant l'inadmissible. Je te lis, soldat, t'écris tout ce que je peux de lumière et je t'accompagnerai jusqu'aux derniers jours de ta mission.

Sois prudent, Patrick Kègle.

Roxanne

16 juillet 2004

Allô Roxanne,

Hier, j'ai connu une journée des plus stressantes!

Le boss avait une patrouille à faire en compagnie d'un contingent français dans un secteur où nous n'avions encore jamais mis les pieds. Seul le garde du corps principal accompagnait le général. Notre mission consistait à les suivre, un bond tactique en arrière au cas où il y aurait danger ou imprévu.

Arrivés à une croisée de chemins, nous étions embêtés sur la direction à prendre. Les indications du GPS ne correspondaient pas aux informations sur la carte topographique, il y avait probablement une marge d'erreur de trois cents mètres. En plus, à cet endroit, les chemins étaient assez abrupts et traversaient un petit village, ce qui rendait l'accès assez difficile pour les véhicules blindés.

C'est en haut d'une de ces côtes que le stress nous a envahis : notre VBL (blindé) s'était engagé dans un champ de mines marqué de roches peinturées en rouge! Nous nous sommes arrêtés juste à temps!

J'ai vu la stupéfaction dans les yeux de mes confrères qui étaient dans les véhicules à l'arrière. Nous avons reculé pour en sortir, mais nous ne pouvions rebrousser chemin, car il était impossible de faire demi-tour ou de redescendre en marche arrière à cause de cette route abrupte. Nous avons alors continué à avancer sur un terrain assez incertain – nous sommes même passés à cheval sur une roche rouge !

Au loin, nous avons aperçu un village, alors nous sommes allés le rejoindre dans l'espoir de trouver une route pour sortir de ce pétrin ! Il y avait bel et bien une route, mais notre véhicule frottait sur le bord des murs (les villages en Afghanistan sont munis de murets, ce qu'on appelle aussi *compounds*). Nous avons eu peine à passer. On a réussi, mais résultat : une roche aussi tranchante qu'un couteau est venue découper notre pneu avant... Et impossible de le changer sur ce terrain accidenté et sablonneux !

Nous sommes quand même rentrés en roulant, car les pneus de ces VBL sont équipés pour être capables de faire un bout même avec une crevaison. Le problème, c'est que nous roulions à 10 km/h... Nous devenions une cible de choix. La route de retour a été longue et pénible. Nous espérions seulement que le pneu reste en place pour ne pas être obligés d'attendre la remorqueuse, car ça aurait pris le double du temps. Et dans ce pays, on ne veut pas devenir une cible facile, car tout peut arriver n'importe où n'importe quand. Dieu merci, nous avons réussi à rentrer sains et saufs au camp.

Des journées comme celle-là, ça rentre dans le corps. Je suis fatigué.

Hier soir, accompagné de deux collègues, je suis allé siroter mes deux bières, question de décompresser... Habituellement, je ne prends pas d'alcool, mais j'en avais grand besoin. J'ai sûrement deux ou trois cheveux gris en plus.

Patrick

17 juillet 2004

Bonjour Patrick,

Est-ce que tu racontes tout ça à Chantal?
«Bon matin, chérie. Tu sais pas quoi? Hier, j'ai passé l'après-midi au milieu d'un champ de mines dans une zone ultra-dangereuse pis j'ai eu une crevaison.»

Top cool.

J'espère qu'elle a le cœur solide, ta douce, dis donc.

Je ne te dirai pas que tu fais un métier de fou, soldat, non non non, car moi aussi, je vis des moments pas faciles, crois-moi! Si tu penses que tu m'impressionnes...

Hier, par exemple, l'amoureux (qui est revenu au chalet pour quelques jours) a innocemment suggéré que nous allions amoureusement faire un tour de vélo. Vent absent, soleil radieux, lac plein de bateaux à bruits et à odeurs de gaz: temps idéal pour prouver à mon musicien que j'étais non seulement une championne de la planche à voile, mais aussi une redoutable cycliste de compétition internationale. Innocemment, j'ai dit: «Oui, bien sûr, chéri!»

J'ai enfilé, fringante, un joli kit d'été et des lunettes de soleil assortis à ma bicyclette bleue, j'ai ajusté mon sourire estival et j'ai lancé (brave de toute ma vigoureuse jeunesse) aux voisins du troisième âge : « On s'en va faire le tour du lac à vélo pour se mettre en forme avant le dîner ! »

Je ne sais pas pourquoi, mais les premiers kilomètres se font toujours face au vent, en côte ascendante. La chaleur m'envoyait l'odeur du bitume en plein visage, la route étroite semblait autoriser les automobilistes à me frôler la cuisse et le gravier faisait sursauter mes roues. Mon siège, trop bas et mal ajusté, zigonnait de gauche à droite comme l'archet d'un violoniste fou.

Bref, courageuse, mais sans plaisir, avouons-le.

Au bout d'une éternité de pédalage à dégouliner de sueur, je me suis dit que mon homme devait être satisfait d'autant de bonheur sportif et j'ai osé lui demander si on arrivait bientôt, si on était rendus à la moitié du chemin, au moins une demi-heure, non ? « Pis t'es sûr que tu commences pas à t'écœurer, que ça ne te tente pas de virer de bord et maudit qu'on est donc bien au chalet, non ?

— Non, non. »

J'ai souri, bien sûr.

« Et toi, chérie, tu es sûre que ça va ? Tu ne veux pas tourner de bord, toujours, hein ? Parce qu'on a juste deux kilomètres de faits... »

Entre le bon sens et l'orgueil, je choisis toujours l'orgueil. Un sourire radieusement figé, un coup de pédale et : « Ben voyons donc ! On vient juste de partir !... »

Vingt kilomètres de tour du lac, soldat ! Vingt kilomètres à monter, descendre, remonter, redescendre, reremonter, reredescendre des buttons, des collines, des côtes, des montagnes. Vingt kilomètres à sacrer, tels mes ancêtres défricheurs, pendant que l'amoureux, en arrière, me lançait : « Tu me parles-tu, chérie ?

— Non, non. »

Il a rigolé : « Tant que t'as de l'énergie pour sacrer, t'en as pour pédaler ! »

Alors, pédale, ma vieille.

Vingt putains de kilomètres de tour du lac... Et un kilomètre avant le fil d'arrivée : la côte de la mort ! Je l'ai vue venir de loin. Je te le jure : GPS ou pas, l'œil affûté de la guerrière sait reconnaître l'ennemi ! De très loin ! J'ai hurlé pour vrai, comme dans un film de Hitchcock, et j'ai traité mon chum de traître parce qu'il le savait, mais, machiavélisme de cycliste mâle, il me l'avait pas dit !

« C'est un complot ! »

Il a ri : « Tu vas voir : plus on approche, plus c'est facile... »

Je n'ai pas vu. C'était un mensonge. En vélo, aucune côte n'est plus facile à monter qu'à regarder. J'ai perdu tout ce que j'avais de souffle pour sacrer ! Moi, bon an mal an, je fais mes cent vingt-cinq livres tout en muscles, OK ? Mais c'était comme si j'en pesais le triple ! Je pédalais en regardant le sol, consciente que personne ne pourrait m'aider et que c'était mon fardeau et que la côte interminable était l'ultime épreuve et que je payais peut-être pour avoir invoqué le nom de Dieu en vain pendant les dix-neuf derniers kilomètres. J'ai vu toute ma vie défiler devant mes yeux et il n'y avait plus, devant moi, que le prénom de ma mère...

« Maudit que t'es belle quand tu fais du vélo !... »

Oui, monsieur. C'est exactement ce qu'il m'a dit pendant que je pendais sur mes pédales. Qu'est-ce qu'on répond à ça ? Rien. De toute façon, je n'avais plus de souffle, plus de voix, plus de larynx, plus rien pour répondre. Le silence jusqu'au chalet, à croiser l'ironie des panneaux municipaux : « Maximum 50 », « Ralentissez », « Urgence 9-1-1 »...

Le voisin du troisième âge m'a vue arriver : « Pis ? »

Je n'ai eu qu'un petit filet de râle pour lui répondre. Il a regardé mon chum pendant que je tentais de m'extirper de l'engin de l'enfer.

« T'as réussi à faire taire ta femme ?! C'est bon, ça, mon gars ! »

Mon chum a fait quelques blagues idiotes, oubliant momentanément avec qui il passerait la nuit. Moi, je me suis tue, parce que le voisin, c'est un ex-boxeur et que, pour le moment, il fallait que je garde ce qu'il me restait de forces pour monter les trois marches du perron.

Pendant que mon chum faisait de sains et vigoureux étirements sur la galerie en clamant à tout le voisinage que c'était une belle promenade, que ça mettait en appétit, que le vélo est un sport fantastique, pourvu qu'on ne soit pas situé du côté du vent dominant quand arrivent les rafales de blasphèmes ; pendant qu'il enfilait son maillot de bain en se promettant une petite saucette dans le lac, qu'il épluchait des clémentines en chantant « Ô ma divine », moi je me suis, comme on dit, échouée sur le divan et j'ai remercié Dieu d'être enfin rentrée au chalet.

C'est là que Dominique, un de mes meilleurs amis, a déboulé sur le perron. Sautillant dans sa nouvelle chemise, chic et parfumé, il est entré voir ça.

« T'as pris un coup de soleil, ma vieille ! »

Os-tie. Je m'étais surbadigeonnée au point d'attraper le cancer de la crème solaire !

J'ai rampé jusqu'au frigo pour lui offrir une bière pendant que mon chum lui racontait comment sa meilleure copine avait battu le record du plus grand nombre de sacres au kilomètre. Dominique connaît le coin.

« Dans la côte ? C'est dans la côte du zombie qu'elle sacrait ?

— Non ; rendue là, elle a manqué de vocabulaire. »

On a ensuite filé vers les ventes de garage, en belle automobile cette fois, et on a rapporté des pantoufles en phentex comme j'aime, des bocks de bière pour Dominique qui les collectionne et une pile de disques de reels pour on sait qui. Il faisait chaud et soleil, mais toujours pas de vent. De toute façon, j'ai flageolé tout le reste du jour et j'ai retrouvé le divan dès que l'heure l'a permis.

À 22 h 30, Dominique et sa gang de martinis-party sont venus nous chercher pour festoyer sur le ponton de Philippe. Quand Janie (sa blonde) m'a lancé : « Viens, Roxanne ! On va se jeter dans le lac à partir du ponton ! », j'ai failli m'évanouir. Ils sont partis en dansant sans musique vers les quais, bouffons de nuit sur le lac étoilé, et je les ai suivis des yeux en riant avant d'aller m'affaler dans mon lit.

Alors, si tu crois, soldat, que l'Afghanistan est un pays difficile, c'est que tu n'as pas connu un vrai entraînement à la dure ! Voilà !

Je ne comprendrai jamais de quoi sont faits les militaires comme vous, monsieur Kègle, mais je sais une chose : les excursions de folle inconséquence, ça ne m'impressionne plus ! Alors arrête de faire des niaiseries et évite les champs de mines, OK ? Moins sportif, mais plus prudent !

Roxanne

20 juillet 2004

Salut!

Je tenais à te dire que j'ai beaucoup aimé ton dernier courriel. Il m'a fait rire. Je me suis imaginé le scénario... Je me suis aussi vu avec Chantal! Tu sais, ça a l'air de rien comme ça, mais pour moi, ces temps-ci, ça me remonte énormément le moral!

Voici quelques nouvelles d'ici. Mercredi, deux soldats français ont mis le pied sur une mine antipersonnel : un soldat a été amputé à la jambe et l'autre n'a presque rien eu. L'Afghanistan est le pays le plus miné au monde.

Étant donné que la fin de la mission approche pour nous, les sorties sont très fréquentes, car notre boss doit rencontrer plein de monde (généraux, ambassadeurs, maires, etc.). Cela met notre sécurité un peu plus en péril. Bientôt, la cadence devrait diminuer, la pression va descendre un peu. On peut lire la fatigue dans les yeux des membres de l'équipe. Depuis le début de cette mission, il y a eu quatre morts et quinze blessés, et étant donné notre position, nous nous sommes rendus sur tous les lieux des incidents, contrairement à d'autres personnes qui ne sont jamais sorties du camp. D'habitude, la durée d'une mission pour le genre de travail qu'on fait est de deux mois et demi à trois mois, mais nous, nous faisons six mois...

Cette semaine, nous nous sommes rendus à un souper organisé par l'Armée nationale afghane (ANA, des gens peu fiables) et la tension était palpable, c'était pas très gai comme situation!

Il y a beaucoup de bons soldats afghans qui veulent du changement. Et ils risquent leur vie comme peu le feraient! Ils luttent contre les seigneurs de la guerre.

Un seigneur de guerre, c'est une personne (un chef militaire) qui détient sa propre force armée et la fidélité de la population d'une certaine région. Ces seigneurs profitent de l'instabilité politique pour prendre le contrôle. Ici, en Afghanistan, c'est surtout le commerce de la drogue et des armes qui les finance. C'est un peu comme si une révolution arrivait dans notre pays et que des bandes de motards (crime organisé) prenaient le pouvoir... Il y a des conflits incessants pour le contrôle de territoires liés au commerce de l'opium, qui représente des profits exorbitants! Assez pour se bâtir une armée de plusieurs milliers de soldats, des chars d'assaut et toute une panoplie d'armes.

L'armée (surtout la police) est souvent peu fiable, car ses soldats (ou policiers) se font offrir de meilleurs gages par les seigneurs de la guerre, qui menacent aussi leurs familles, ce qui les fait déserter. Un exemple: dernièrement, un de nos véhicules a heurté une mine, et, quelques minutes avant notre départ, un policier avait déserté... Il était probablement au courant. C'était un signe, mais ce sont des choses qui arrivent, on n'y peut rien! La vigilance ne nous sauve pas toujours la vie dans ce pays hostile. C'est un peu pour ça qu'on ne peut être sûr à 100 % de la fiabilité des Afghans. Beaucoup de soldats et de dirigeants sont vraiment bons, mais c'est avec le temps que tout s'améliore.

Bref, c'est le genre de souper où on ne veut pas se retrouver trop souvent! J'ai mangé des brochettes de bœuf et du pain afghan, c'était très bon. Mais le fait de savoir combien les conditions d'hygiène sont mauvaises me laissait un peu sur mon appétit... Ici, refuser un repas, c'est un affront. Je n'ai pas été malade; je suis content!

Nous avons su par la suite par les services médicaux qui étaient sur place avec nous que les femmes ne pouvaient être vues ni soignées, que les conditions d'hygiène étaient archaïques: jamais aucun bain ou aucune douche n'avaient été pris... Pas surprenant en cette terre aride.

Comme être humain, on se pose souvent des questions.

Ces conflits qui existent depuis la nuit des temps... Il y a la corruption, la drogue, le désir de contrôler et de si nombreuses différences culturelles à l'intérieur d'un seul pays... Arrivera-t-on à démocratiser l'Afghanistan? Seul le temps pourra répondre à cette question. Pour faire mon devoir de soldat, je m'en remets à la mission, puisque je ne pourrai pas changer les choses. Et pour la mission, je dois y croire, ça aide. Je suis sûr que nous aurons exercé une influence bénéfique. Je veux que le monde autour de moi sache la chance qu'on a de vivre dans un pays aussi paisible que le Canada. L'horreur existe et il ne faut pas fermer les yeux...

Aujourd'hui, nous avons une autre grosse journée, au moins douze heures. Des visites du côté canadien avant le redéploiement des troupes.

Alors je te dis à la prochaine. Je te donne d'autres nouvelles bientôt. Et merci pour tes courriels, c'est très agréable à lire. J'apprécie vraiment !

Patrick

22 juillet 2004

Salut soldat,

Me voilà seule, ce soir. Tranquille. À écrire.

Dans ta dernière lettre, tu comptes les blessés, les morts, les mines... Est-ce que je rêve ou est-ce que mon « correspondant militaire » à Kaboul commence à en avoir pas mal par-dessus la tête ? Douter de la paix et de la démocratie éventuelle en Afghanistan, n'est-ce pas douter de l'issue de ta mission, ami fantassin ?

Hum.

Tu sais quoi, Patrick ?

Ce qui m'a touchée, dans tes premiers courriels, c'était de penser combien la culture pouvait aider le monde dans les pires situations (Albert Camus écrivait que le rôle de tout écrivain est d'abord d'aider les gens à trouver la beauté où qu'ils soient, peu importe leurs conditions de vie, de soulager le prisonnier politique autant que l'itinérant du coin de la rue). Ce qui me touchait aussi (je t'en ai déjà parlé), c'était de prendre conscience du fait qu'il y avait derrière le mot « armée » de vrais hommes qui s'ennuyaient de leur famille et vivaient une réalité humaine bien différente de la mienne.

Et, en même temps, je n'étais pas certaine de t'apprécier... Faut me comprendre : je suis entourée d'une panoplie d'écrivains qui contrôlent leur embonpoint en jouant au tennis deux fois par semaine, de musiciens flâneurs swignant leur accordéon ivre dans des partys qui finissent à l'aube, de syndicalistes paresseux qui n'en peuvent plus quand ils ont passé deux heures debout... Je ne sais pas si tu le sais, mais à côté d'eux, tu es construit comme une machine de guerre, Patrick Kègle, et tu fais peur.

Je trouve ça encore étrange de recevoir des courriels d'un gars armé jusqu'aux dents qui m'explique qu'il travaille pour la paix. Tes lettres me dérangent, car tu me places devant le déploiement d'une force vertigineuse, terrorisante, à laquelle je me suis toujours opposée et tu me dis de quelle façon, jour après jour, cette force est mise au service de la justice, de la paix, de l'éducation – valeurs auxquelles je crois... Il y a quand même de quoi désarçonner quelqu'un !

Depuis le début, tu aurais pu me répliquer cent fois, en gars blindé, que je suis une sale utopiste débile qui pense que la paix va se faire toute seule, en éduquant les citoyens parfaits dans des champs de blé parfumés, afin qu'ils comprennent lucidement leur rôle face aux *gamblers* de la terre et qu'enfin, ensemble, main dans la main, nous changions le monde... Tu ne l'as pas fait, te contentant d'être toujours patient et aimable envers moi.

Je t'écrivais, mais je n'arrivais pas à me convaincre qu'on pouvait être homme de droiture et tenir un fusil. Ça ne cadrait pas dans la même image. J'ai commencé à y croire quand j'ai vu la photo du *Journal de Québec* où tu tiens ton fils dans tes bras. J'ai pensé, en voyant cette photo, que tu n'étais pas une arme de guerre, mais une arme de paix. J'ai pensé que l'idée même d'être une « arme de paix » avait peut-être un sens. Et ce jour-là, j'ai accepté de te lire autrement.

Tu écris, dans tes dernières missives, que tu n'es plus sûr de croire au sens même de ta mission. La paix et la démocratie sont-elles vraiment possibles et – maudit! – qu'est-ce qu'on fait ici à risquer sa peau quand on a des enfants dont on s'ennuie et que la vie pourrait être belle pis facile ailleurs, là-bas, à la maison?

Voilà deux mois, tu m'aurais écrit que t'étais écœuré et je t'aurais répondu de sacrer ton camp de là au plus vite. Aujourd'hui, j'ai plutôt envie de te dire de garder courage très fermement, parce que c'est vrai : il y a des hommes de cœur et de bravoure qui doivent s'armer pour changer les choses – ce n'est pas l'unique solution (loin de là, on s'entend!), mais je commence à croire qu'elle est peut-être incontournable, malheureusement.

C'est ironique quand même : au moment où je commence à comprendre pourquoi tu y es, à me dire que tu as ta place en Afghanistan auprès de ceux qui luttent pour la paix, à accepter qu'il faut des gens comme toi dans les pays d'injustice, de ton côté, tu écris que tu n'as plus envie d'y être...

Quinze jours encore.

Courage, Patrick Kègle! Tant que des hommes comme toi posséderont ce qu'il faut (que je n'aurai jamais) pour aller de l'avant jusqu'au bout, jusqu'au front, alors les gens de lettres et de musique pourront écrire et chanter que la liberté et la justice sont possibles. Et de mon côté, je tenterai tant bien que mal d'enseigner qu'il faut dépasser nos préjugés pour arriver à comprendre un peu mieux le monde – non pas tel que nous voudrions qu'il soit, mais tel qu'il est vraiment. Merci de tout ce que tu m'apprends.

Bonne journée, monsieur mon « correspondant de guerre ».

Roxanne

26 juillet 2004

Salut Roxanne,

Je reviens d'une séance de « décompression » avant le retour. Un travailleur social et un psychologue viennent nous parler de réintégration. On dit qu'après une mission, ça prend environ trois mois avant de retrouver une vie de couple. Je vais faire attention et prendre soin de ma famille ! Je vais les gâter ! Ça va me faire du bien !

Tu sais, dans les courriels que j'envoie à Chantal, je m'efforce toujours de ne pas lui divulguer les dangers liés à cette mission. Ça risquerait de nuire beaucoup au bon fonctionnement de la vie familiale au Québec. De cette façon, elle s'imagine qu'on est hors de danger. Je ne lui raconte pas tous les stress que je vis, du moins pour l'instant. Au retour, on verra !

C'est pour cette raison que cela me fait du bien de pouvoir correspondre avec toi, de t'expliquer notre mission et d'essayer de convaincre, ne serait-ce qu'un peu, une antimilitariste du bien-fondé de ce que nous faisons, en ne parlant pas seulement d'armes, mais de ce que je vois sur le terrain : les gens et leur vie quotidienne, leurs souffrances.

Plus tôt cette semaine, le boss a eu une réunion avec les *elders* (anciens) d'un petit village situé dans les plaines de Chamali, au nord, entre Kaboul et Bagram. C'était a un village non taliban, mais qui se dit « islamiste extrémiste ». Pour ce qui était de l'enjeu réel, nous l'ignorions, comme souvent, mais mon travail était de protéger le général.

Cette sortie semblait routinière, rien de trop stressant, mis à part que nous n'étions que très peu pour assurer la sécurité dans un secteur aussi éloigné et que notre « protection » allait être en partie prise en charge par les membres du village.

Avant notre départ, le vent s'est mis à souffler, faisant place à ma première vraie tempête de sable. C'est assez exceptionnel comme expérience, surtout lorsqu'on doit se rendre dans un territoire désertique.

Sur la route, la visibilité était faible, mais assez bonne pour voir et assurer la sécurité. Pour nous rendre au village, nous avions comme point de repère, au bord de la route, un vieux blindé soviétique détruit lors de l'occupation russe qui nous indiquait un semblant de chemin presque disparu à cause du sable soufflé par la tempête. Au village, quelques maisons et bâtiments nous laissaient présager un milieu parmi les plus pauvres pouvant exister sur la planète.

J'étais dans mon VBL et j'attendais, en assurant la sécurité. Curieux, j'ai regardé les lieux, mais la force du vent et la poussière se sont intensifiées. J'avais peine à voir à plus de cinquante mètres. J'avais les yeux qui chauffaient à cause des grains de sable, même si je portais de très bonnes lunettes conçues pour ces conditions.

J'ai aperçu, en haut d'une colline, les soldats armés du village qui assuraient notre protection et des hommes ayant l'air de terroristes qui discutaient dans une camionnette non loin de mon véhicule. Pour te donner une idée, ça ressemblait à la scène, dans le film *Retour vers le futur*, où le Doc vole du plutonium à des terroristes libyens : camionnette Toyota, hommes enturbannés aux gestes brusques. On ne sait jamais si c'est un terroriste ou pas, mais, sur le terrain, on apprend à connaître les gens et à comprendre certaines situations, comme dans ce village où nous n'avons aperçu aucune présence féminine, mais où il y avait des enfants maltraités... Ça ressemblait beaucoup aux talibans.

Des enfants curieux se sont approchés pour demander de l'eau. Ils étaient jolis, les petites filles étaient maquillées (mais il n'y avait sûrement pas de miroirs, parce que le rouge à lèvres était appliqué assez croche!). Ils avaient l'air très pauvres, ils étaient sales et ils avaient le regard vide. Mes collègues qui étaient au sol leur ont donné quelques bouteilles d'eau, mais ils se sont aussitôt empressés de vider l'eau par terre, comme si on leur avait dit de méchantes choses sur nous, comme si l'eau n'était pas bonne, peut-être empoisonnée. Ils ne voulaient que le contenant. On ne comprenait plus rien... Jeter de l'eau potable au milieu du désert!

Au même moment, un des soldats du village est descendu pour réclamer des vivres. Il avait des manières de brute, c'est difficile à décrire. Il a voulu montrer son rang social aux enfants et les a brusquement chassés en lançant violemment des pierres sur eux. Nous étions furieux, mais que faire ? Lorsque le soldat est parti, les enfants sont revenus. On voyait la curiosité dans leurs yeux. C'était probablement la première fois qu'ils voyaient des étrangers.

Nous aimons la présence des enfants, mais les membres du village ne voyaient pas d'un bon œil ce côté fraternel. Cette fois-là, les deux gars de la camionnette sont sortis et ont réussi à agripper quelques enfants. Ils leur ont donné de bonnes gifles et les ont chassés. Mes chums et moi avions envie de faire quelque chose, mais c'est leur façon de faire, ici, et le boss était en réunion, alors pas le temps de foutre le bordel !

En discutant, nous avons constaté que la visibilité se réduisait toujours et que nous aurions probablement de la difficulté à rentrer au camp...

D'autres enfants se sont approchés doucement et, encore une fois, les deux hommes ont sévi. Ils les frappaient fort avec des bouteilles d'eau pleines ! Cette fois, mon ami Daniel a crié aux gars d'arrêter ce qu'ils faisaient, mais en riant.

J'ai le cœur serré. Je n'aime pas ces situations. Je m'imagine comment ça peut se passer dans les maisons, je me pose des questions, moi qui n'ai pas beaucoup d'autorité avec mes enfants...

Enfin, la réunion s'est terminée, nous pouvions rentrer. Mais pas si facilement : nous avions de la misère à voir à plus de cinq pieds... C'était hallucinant! À un moment, mon chum André-Gilles et moi avons été obligés de débarquer pour trouver le chemin... On n'y voyait plus rien. Et l'endroit était supposément miné! Nous repérions sous le sable fin des traces de véhicules qui confirmaient le chemin. Nous avancions doucement. C'était stressant! Enfin, nous avons aperçu la route principale et le vieux blindé soviétique. La route s'est faite plus claire et la progression, plus rapide.

Encore une journée qui se termine sans incident. Mais je peux te dire que le stress était là! Qui étaient ces *elders*? Et qui étaient ces soldats qui devaient nous «protéger»? Probablement des talibans!

Quelques jours après notre passage dans ces plaines, un Français exécutant des manœuvres dans ce secteur a perdu une jambe à cause d'une mine antipersonnel... Ça fait réfléchir! Nous qui cherchions la route sur ce même terrain... La chance, les prières ou le destin? Malgré ce stress et ces conditions de vie, je remercie Dieu que ma famille soit dans de si bonnes conditions au pays.

Patrick

27 juillet 2004

Salut soldat,

Ta dernière lettre fait frémir.

Je sais pas si je te lis bien, mais... on dirait que vous nagez toujours plus ou moins dans l'inconnu. Qui étaient ces « islamistes extrémistes » qui se disent non talibans ? Mystère. Que voulaient-ils ? Mystère. Vous protégeaient-ils vraiment ou vous coinçaient-ils en souricière, entre deux tempêtes de sable et trois mines bien cachées ? Hum.

Et ces enfants frappés injustement.

Tu laisseras beaucoup d'injustice derrière toi, non ? Reviendras-tu satisfait de ta mission ?

Je t'écris pendant que mon amoureux fait du ménage dans le chalet. Si j'en crois ce que j'entends, la balayeuse est à mon homme ce que le vélo est à sa femme... Demain, il partira en tournée pour plusieurs semaines. Alors que toi, tu prépares ton retour parmi les tiens, moi, je me prépare à l'absence.

Le plus dur, quand il part, c'est le silence de la maison. Quand il est là, je passe plusieurs heures par jour à écrire et à lire, alors que lui fait toujours un petit train-train de bruits (des travaux, de la musique...), ce qui, à la longue, m'agace prodigieusement. Pourtant, quand son absence met du silence partout dans la maison, je tourne en rond et je cherche ses sons de banjo, de scie ronde, ses murmures téléphoniques.

Souvent, il part un mois, revient trois jours, repart cinq jours, revient une semaine, repart vingt jours... C'est exténuant.

Quand il revient de tournée, nos amis pensent que hop! on se saute dessus comme des fous et que ouh là là! chaudes retrouvailles en perspective! La réalité, c'est qu'il arrive crevé par la tournée. Crevé, stressé et étranger.

Je ne sais pas comment font les femmes de militaires, mais je sais que moi, quand l'amoureux s'en va, je mets ma tendresse en veilleuse. Pour éviter de m'ennuyer, je cours à mes occupations. Je me blinde contre les heures longues de l'inquiétude.

Quand il revient, je n'arrive pas à laisser tomber mon quotidien pour lui sauter dans les bras. J'ai beau faire tout ce que je peux pour l'accueillir, invariablement, il me dérange. Je sais que je l'aime, mais on dirait que j'oublie comment faire, et je dois réapprendre à aimer mon amoureux.

Je te raconte tout ça en me disant que nous n'avons jamais été séparés six mois, dans une situation aussi particulière, dangereuse que la tienne. Comment reviendras-tu, après six mois de mission militaire en Afghanistan? Comment ta femme arrivera-t-elle à t'accueillir, toi qui débarqueras avec des images de misère et du stress plein la peau?

Trois mois de retour progressif, de réhabilitation, de réadaptation. Ça te fait presque dix mois de mission, ça...

Est-ce que ça aura valu la peine? Peut-être. Protéger les donneurs d'aide humanitaire, c'est un grand geste, même si le problème taliban demeure entier. Remarque, je ne sais pas non plus si ça vaut la peine d'aller faire de la musique en Espagne ou d'écrire un roman au bord d'un lac. Sincèrement, je l'ignore. J'ignore c'est quoi être un héros et vouloir sauver le monde. Mon cœur n'est pas capable d'envisager pareille mission. Personnellement, tout ce que j'espère, c'est que, à la fin de ma vie, j'aurai fait plus de bien que de tort, que j'aurai un peu servi la cause du bonheur et que, parce que je n'aurai pas contribué à la guerre, j'aurai un peu servi la paix.

Dans cet été qui canicule, tu rentres chez toi, soldat. Enfin! Je ne peux pas décider à ta place si ce que tu as accompli était bien ou non, mais je sais que cette correspondance m'a appris beaucoup et je t'en remercie.

Bon retour chez toi, Patrick Kègle! J'espère que tout ira bien.

Amitié,

Roxanne

Atterrissages forcés

2004-2009

Québec, 2 août 2004

Salut Roxanne !

Je suis enfin de retour au Québec ! Un long voyage et une interminable attente enfin terminés. Nous sommes passés à un cheveu de retarder notre départ à la suite d'incidents diplomatiques avec un seigneur de guerre possédant sa propre armée (quinze mille hommes et plus de cent tanks). Je remercie le ciel que tout soit rentré dans l'ordre.

Nous avons quitté Kaboul le mardi 27 juillet à 5 h 15 du matin pour nous envoler vers midi. Le trajet Kaboul-Dubaï a débuté par un vol tactique qui en a rendu plus d'un malade. À notre arrivée dans le désert des Émirats arabes unis, nous avons eu droit à un sauna. Cette chaleur était insupportable ! Nous sommes restés quelques heures en attendant le prochain vol en direction de Zagreb, en Croatie (escale de quatre heures), pour ensuite faire les derniers milles vers Québec.

Au Québec, c'est le bonheur ! Ma petite famille m'attendait à l'aéroport ! Quelle joie ! Ensuite, tous ces petits moments... Voir la verdure, l'eau. Le lendemain matin, j'étais levé à 5 heures. Je suis sorti me promener en VTT sous la pluie et je suis même allé me baigner à la rivière. Tout pour me ressourcer ! Je suis tellement content de retrouver mon pays, il est vraiment merveilleux. Je l'ai dans la peau !

Les premiers jours, je les ai consacrés à ma famille et on a fait plein d'activités. On a profité des vacances et ça fait du bien. Nous sommes allés au Village des sports de Valcartier, les enfants ont adoré.

J'ai aussi posé la tourbe. Ça faisait deux étés que la cour était en sable, et comme le paysagiste ne venait pas, j'ai décidé d'arrêter de niaiser. Pas question de voir encore du sable en me levant le matin ! C'était tout un contrat, mais on a eu du fun. Mes parents sont venus me donner un coup de main et j'ai eu du plaisir à travailler avec mon père.

Le retour se passe très bien et je suis content. Ce matin, je suis seul avec les enfants et ils sont sages. Chantal est partie acheter les articles scolaires pour Benjamin, qui commencera la maternelle cette année.

Demain, je vais aller à l'écurie pour acheter mon cheval. Je fais des cauchemars, mais je profite de la vie au maximum, avec des petits plaisirs faciles. Je prends le temps de me reposer un peu.

Il doit te rester quelques semaines de vacances. Si toi et ton chum passez à Shannon, on parlera de cette Afghanistan et je pourrai vous montrer les photos que j'ai prises. Merci pour tout. Tu es vraiment gentille ! Bye !

Patrick xxx

7 août 2004

Salut Patrick !

    Comme ça, t'étais écœuré de voir du sable ? Le contraire m'aurait inquiétée. T'imagines le gars qui revient de mission et qui, crinqué à mort, enlève les arbres et le gazon autour de chez lui, monte un décor militaro-afghan, fait venir des montagnes de pierres ?

    Dans *Le Devoir* d'aujourd'hui, il y a le dernier article d'une série sur l'Afghanistan. Le texte fait l'éloge de l'armée canadienne et dénonce les Américains qui échangent des vivres contre des renseignements. Ça sonne un peu propagande. Claude Lévesque conclut en rapportant les propos d'un dénommé Steele qui affirme que les militaires « sont très fiers d'aider les autorités afghanes à assumer leurs fonctions. Ils ont confiance de pouvoir réussir ». T'aurais aimé ça !

    J'ai croisé, dans un snack de Trois-Rivières, quatre soldats qui revenaient de Kaboul. Ils avaient l'air éreintés et je me suis demandé quel bilan vous faisiez de cette mission. Es-tu plus confiant pour l'avenir des Afghans ? Et surtout : voudras-tu retourner dans l'enfer de sable ?

    C'est drôle, tu as mis, dans ton dernier courriel, Afghanistan au féminin : « cette Afghanistan ».

Je n'y avais jamais pensé de cette façon. La terre aride, battue et piétinée par les hommes – sûrement qu'il faut que ce soit féminin, comme la fiancée que le héros sauvera...

Sinon, ça va ? Tu retrouves le rythme du Québec entre deux rouleaux de tourbe ? Et le rythme de la maison ? Tu m'as l'air atteint d'une hyperactivité chronique, non ? J'espère que tu arrives à décompresser du stress de la guerre. Tu m'as écrit un paquet de fois combien tu voulais prendre soin des tiens, et pourtant, c'est toi qui fais des cauchemars... Je ne te demanderai pas qui prend soin de toi, parce que c'est pas des questions qu'on pose à un militaire, hein ? Quand même, fais attention, soldat.

J'ai reçu tes cadeaux par la poste. Merci. Le foulard est en cachemire, n'est-ce pas ? Et le collier est magnifique ! Vraiment, merci. Je suis encore au chalet pour quelques semaines, mais je te donnerai des nouvelles quand je serai rentrée chez moi. Ici, l'internet est compliqué.

Bon retour chez toi. Profite bien de ta famille, de l'été québécois et de ton cheval !

Roxanne

23 août 2004

Salut Roxanne !

Les vacances s'achèvent déjà pour Chantal et moi, j'ai jusqu'à la fin du mois – il me semble que c'est pas assez long... La fatigue commence à se faire sentir. Au début, je devais être trop excité pour être épuisé.

La pluie est présente, alors on en profite pour aller à l'écurie et se reposer. Ce n'est pas la température idéale pour être en vacances, mais au moins mon gazon va être beau !

Aujourd'hui, on va aller visiter la famille, un souper au snack de Saint-Pierre-les-Becquets avec la belle-mère et le beau-père et, en soirée, je vais partir seul pour aller discuter avec Jean-Pierre devant un verre de scotch ou de brandy. On va se raconter nos voyages puisqu'il est allé visiter son fils en France, à Montpellier.

J'espère que tu ne trouves pas ça trop pénible de te remettre au travail d'enseignante. Au moins, je suis sûr que tes étudiants vont avoir une super session, car tu es certainement très intéressante ! Je pense que je retournerais aux études juste pour avoir la chance de suivre un de tes cours ! J'espère que, malgré la charge de travail que tu auras, tu trouveras un peu de temps pour me donner de vos nouvelles.

Le foulard est en cachemire, oui, et j'avais oublié de te donner le nom de la pierre précieuse : c'est du lapis-lazuli. On en trouve en Afghanistan, au Chili, mais il paraît que c'est en Afghanistan qu'il y a la meilleure qualité. Quand elle est pure, la pierre est très foncée.

Quant à savoir si je suis content du résultat de la mission... Le but premier était de protéger la vie du général, ce que nous avons réussi dans un des pays les plus dangereux de la planète. Je suis fier de mon équipe. Mes frères d'armes ont une place gravée dans mon cœur. Je garde espoir pour ce pays, pour ces femmes et ces enfants qui ont droit à une vie meilleure, mais les blessures de guerre infligées à ce peuple seront longues à guérir... Seuls le temps et la persévérance donneront un résultat concret.

Pour l'Afghanistan au féminin, je pense que j'ai fait cette faute en ayant dans la tête une vision de terre brûlée... Il n'est pas question que je retourne là-bas tout de suite, mais je suis un soldat de l'armée canadienne, alors j'irai où on m'enverra. Et ne t'inquiète pas pour les cauchemars, Chantal prend soin de moi.

J'ai acheté un cheval, c'est un hongre canadien de cinq ans. Il est très docile, mais il a encore beaucoup à apprendre. Il a beaucoup de potentiel, alors ça va être plaisant ! Chantal a commencé à le monter, mais dans l'enclos seulement, car, en sentier, il m'a fait tout un galop, alors elle va attendre qu'il se calme un peu avant de s'aventurer dans les bois ! J'ai pris des photos que je t'envoie, tu me diras comment tu le trouves.

Heidi n'a pas posé, car elle avait peur de rentrer dans l'écurie après avoir vu une jument à qui il manque un œil. C'est vrai qu'elle fait peur ! Mais c'est la plus gentille de l'écurie, elle se laisse monter par de jeunes enfants.

Alors je te laisse là-dessus et j'espère avoir de tes nouvelles bientôt.

Bye !

Patrick xx

27 septembre 2004

Salut Patrick,

J'ai rendu avant-hier les clés du chalet. De toute façon, je ne pouvais plus y aller que les fins de semaine depuis que la session est recommencée. Samedi passé, j'ai pensé à toi.

Je m'étais réveillée très tôt et je suis partie faire un tour de kayak. Il y avait tellement de brouillard que, quand je frôlais la borne des baigneurs, je ne voyais presque plus la plage. C'était étrange, surréel. Des mouettes dormaient mollement dans la brume. Je pagayais en silence pour ne pas réveiller le lac.

Tranquille.

Puis le soleil s'est levé. D'un coup, les nuages sont devenus d'un blanc aveuglant, opaque – je ne voyais plus à deux mètres autour de moi.

Or, j'ai une vieille peur d'enfant : j'ai la phobie des noyés, la peur de trouver un mort dans l'eau. Ça fait que je me suis mise à angoisser. C'était magnifique, magique, j'avais juste à en profiter, mais j'avais la gorge serrée d'angoisse.

Et tout d'un coup, j'ai pensé à ton Afghanistan, à tes tempêtes de sable aveuglantes, aux hommes armés, aux terrains minés, aux vrais dangers.

J'ai arrêté de pagayer.

Je me suis dit que, quand tu étais là-bas, je tentais de retenir ce qu'il y avait de plus beau dans le jour pour te l'écrire. Mes matins heureux, mes escapades nounounes à bicyclette, mes cours de planche à voile et même mes heures de pluie! Au fil de notre correspondance, je me suis mise à regarder le monde en beauté, à le redécouvrir, à l'apprécier autrement. Tout ça, c'est une chance.

Samedi matin, donc, à bord du kayak, avec l'eau en dessous, le soleil qui illuminait la brume, la rive complètement éteinte et ma phobie débile au ventre, je me suis dit que ça suffisait, les niaiseries. J'ai laissé la beauté du jour me convaincre que tout allait bien, me suis rappelé qu'il fallait retenir ce qu'il y avait de mieux.

J'ai enlevé mes sandales, j'ai mis mes pieds dans l'eau, de chaque côté du kayak, et j'ai dérivé dans le silence avec les poissons qui faisaient des doubles flips à la surface. J'ai aspiré du brouillard à pleins poumons. Un moment de pure merveille.

Merci, soldat! Merci.

L'escapade vacancière est maintenant achevée. Mon amoureux est venu me rejoindre. Avec le froid et la pluie d'hier, on a senti l'automne fraîchir. Le lac et la plage étaient déserts, c'était triste et beau en même temps. On a marché longtemps, main dans la main, sur le sable dur et mouillé.

Ton cheval est vraiment superbe. Foncé. J'aime beaucoup. C'est toi qui le domptes? Ainsi, la docilité est une qualité? Ah bon.

Aïe! Il faut que je file au cégep! Bon retour au travail!

Roxanne

30 septembre 2004

Salut!

Aujourd'hui, lundi 30, c'était le jour J. Je me suis rendu au travail un peu à reculons. Mais ce ne sera pas une grosse semaine, ça va être de «l'administration personnelle» (se faire couper les cheveux, gérer nos finances, prendre des rendez-vous...) et les après-midi seront courts.

C'était la première journée d'école pour Benjamin: il a commencé la maternelle ce matin. Je suis allé le chercher en fin d'après-midi étant donné que la première semaine se fait progressivement. Il a l'air d'aimer et je suis bien content!

Pour le travail, eh bien, j'ai retrouvé les mauvais côtés de l'armée. Un de mes supérieurs m'a un peu découragé, ce matin, mais je suis resté muet. Pour cette mission en Afghanistan, j'étais prêté à une unité spéciale. Mon bataillon, lui, était en garnison ici, à Valcartier. Ce sera le prochain bataillon à entreprendre une mission (qui est encore inconnue). Une montée en puissance va commencer bientôt. Ce supérieur m'a dit: «Vous étiez volontaire pour Kaboul, et vous avez eu une bonne prime. Vous étiez au courant que vous pourriez repartir vite! Préparez-vous à être absent pour un bout! Faites brailler votre femme tout de suite!»

J'ai pas seulement fait cette mission pour l'argent! J'ai été volontaire pour mon pays, pour défendre les valeurs de mon peuple!... Au moins, je sais que le système est bien encadré par les professionnels de la santé et les risques que je reparte très tôt sont bien minces.

Mais c'est pas grave, la vie continue!

Je suis content que tu prennes toujours le temps de m'écrire. J'apprécie vraiment, ça met un rayon de soleil dans ma vie. Je dois t'avouer que ça me touche profondément.

Je continue à me rendre presque chaque jour à l'écurie. J'ai bien du plaisir, mais c'est beaucoup de travail, car mon cheval est très jeune et il n'a pas beaucoup d'éducation. En même temps, j'apprends beaucoup. Nous sommes trois à partir sur les sentiers: moi, mon cheval et ma chienne, qui nous suit. Elle adore ça et elle en profite pour se baigner dans les petits cours d'eau.

Je te laisse là-dessus. Si tu as quelques minutes, donne-moi de tes nouvelles.

Patrick xx

4 octobre 2004

Salut soldat !

Eh bien, monsieur le militaire, vous revoilà bien soumis, obéissant et plein de « garde-à-vous » ! Les vacances sont vite finies !

Tu ne lui as pas dit, à ton super supérieur, qu'il avait de la graine de taliban ?! Ça donne quoi, dis donc, d'avoir tous tes fusils quand on n'a pas le droit de tirer sur les plus cons de ce bas monde ? C'est ça, les gars bardés de diplômes qui vous mènent au combat ? Bravo !

Qu'est-ce que tu risquerais à l'envoyer au diable ? Le pire ? Éplucher des patates pour les quarante prochaines années ?

Je crois que c'est Martin Luther King qui a dit : « Ne laissez personne vous abaisser au point de le haïr. » Cette phrase peut être interprétée de différentes manières. Moi, j'aime penser que ça veut dire qu'on s'abaisse soi-même quand on hait quelqu'un.

C'est sûr que t'as bien fait de te taire ; éplucher quarante ans de patates pour un sans-dessein pareil, ça vaut pas la peine !

J'ai épinglé ta carte d'Afghanistan sur mon mur de cartes postales.

Merci.

Roxanne

11 novembre 2004

Salut Roxanne!

Comment vas-tu? Ça fait un bout que je n'ai pas eu de vos nouvelles, sûrement que vous êtes très occupés. J'espère au moins que tout va bien.

De mon côté, je travaille à la salle de garde de la Citadelle jusqu'à la mi-décembre, question de reprendre un peu le dessus sur cette fatigue d'après-mission... Au début, j'étais plein d'énergie et, tout à coup, la fatigue m'a pris d'assaut. Nous sommes beaucoup dans ce cas.

Et vous, que se passe-t-il de bon? Tu dois sûrement avoir hâte de prendre un peu de repos.

À part ça, c'est la routine, le hockey avec mon petit bonhomme et des escapades à cheval. Je ne me plains pas de cette vie. En tout cas, si jamais tu trouves quelques secondes pour me dire comment tu vas... Je ne te dérange pas plus. Faites attention à vous!

J'attends de tes nouvelles. Bye!

Patrick xx

Trois ans plus tard

Octobre 2007

Soldat ?!

L'Afghanistan mange les soldats. Tu restes ? Tu repars ? T'es où ?

J'ai beaucoup pensé à toi dernièrement, à cause des événements qui se sont produits en Afghanistan. Depuis l'intérieur des troupes, je me demande comment vous voyez ça. Je me souviens de ce que tu m'avais écrit sur les seigneurs de la guerre ; tu me disais qu'ils étaient riches et possédaient des armées personnelles. S'ils décident d'ouvrir le feu, les soldats de l'OTAN tiendront-ils ? Leur nombre, leur armement sont-ils suffisants ? Et Karzaï est soutenu par eux !

Je ne sais plus quoi penser de la mission afghane. L'armée de paix que la télévision nous présentait ressemble pas mal à une armée de combat et les images de nos soldats en guerriers me heurtent. Quels intérêts l'armée protège-t-elle tant ? Ceux des compagnies de construction ? En même temps, c'est aussi ce que ça prend, je le sais bien, pour qu'un pays investisse dans une mission de paix à l'étranger...

Les morts me blessent aussi. Le général Dallaire disait que, si on se retirait des zones dangereuses après cinq ou dix morts de soldats canadiens, non seulement on agirait en racistes (parce qu'on laisserait ainsi croire que la vie de dix des nôtres compte plus que celle de milliers de femmes et d'enfants étrangers), mais on nierait aussi l'importance de la mission pour laquelle ces soldats ont donné leur vie... Je ne sais plus quoi penser.

Tu m'as appris à regarder l'armée avec des yeux différents, non plus comme une masse de soldats impersonnels, mais comme des hommes et des femmes qui réfléchissent à la guerre et s'arment parce qu'ils veulent tenter la paix. Vous y croyez, à cette guerre? Tu y crois, soldat?

Je songe aussi à tes cauchemars de jadis. Au stress et à la fatigue de ton retour. Ça fait longtemps, je sais. Mais. Comment vas-tu?

J'aimerais beaucoup échanger avec toi de nouveau. Me donneras-tu encore de tes nouvelles, mon ami? Même s'il s'est écoulé trois ans depuis nos derniers échanges? J'espère que tu vas bien, que ta famille est heureuse et unie, que tu t'amuses encore avec ton cheval et ton chien.

Amitié toujours, soldat Kègle!

Roxanne xx

3 mai 2004
« Je suis un gars de vingt-neuf ans, je suis militaire
et présentement en mission en Afghanistan. »

6 mai 2004
« L'arme enfoncée dans le creux de l'épaule, je sortais enfin à bord de mon véhicule ! »

3 juin 2004

« Après ce que les talibans ont fait subir à leur peuple, surtout aux femmes et aux enfants, qui sont enchaînés par la vie, avons-nous le droit de nous retirer ? »

1ᵉʳ juillet 2004

« Je joins une photo à ce courriel, soldat. Ainsi, tu connaîtras le visage de ta correspondante. »

Novembre 2007
« *Je navigue, j'enseigne, j'écris et je lis. Voilà. Tu sais tout.* »

20 avril 2009
« *Nous, les RECON, sommes les kamikazes de l'armée !* »

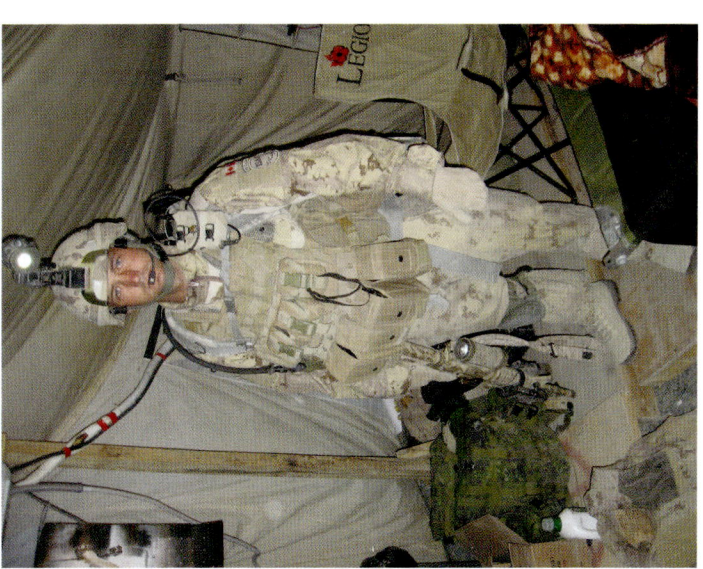

30 mai 2009
« *Difficile de ne pas croire en Dieu quand on vit la guerre.* »

10 décembre 2009

« Je suis dorénavant le maître-chevrier du Royal 22ᵉ Régiment, je travaille à la Citadelle. »

Octobre 2007

Salut Roxanne !

Je suis content d'avoir de tes nouvelles !

Eh bien, pour répondre à ta question, je suis toujours à Québec, mais y a une compagnie de mon bataillon qui est là-bas. Le reste doit partir en 2009, si la mission se prolonge.

En effet, l'Afghanistan mange nos soldats. C'est difficile d'exprimer mon opinion à l'écrit, car j'ai trop d'images qui me viennent en tête... Il y a toujours ces intégristes qui continuent de pousser comme de la mauvaise herbe, ils gagnent du terrain et, comme tu sais, ce n'est plus une question de culture et de laisser vivre, car ce sont des dictateurs qui infligent des supplices, même à leurs propres enfants, au nom d'Allah...

Alors que devons-nous faire ? Nous retirer et abandonner les gens du peuple qui veulent s'en sortir ? En même temps, c'est sûr qu'on pourrait rentrer au pays et s'en foutre carrément !

J'aimerais un monde meilleur pour tous ces enfants innocents qui naissent dans ce régime de terreur et, d'un autre côté, j'ai des gros doutes à cause de ce que j'ai vécu et du Pakistan qui est rempli de talibans...

Je pourrais te raconter quelques anecdotes...

Au travail, tout va bien. Je suis maintenant le nouveau chevrier-major! Au 22e Régiment, on a une mascotte, un bouc offert par la reine Élisabeth. C'est une histoire qui remonte à la fin du XIXe siècle. Pour être bref, je m'occupe de ce troupeau et je suis devenu en quelque sorte un «militaire-farmer»! Pour un gars qui a fait des études en agriculture, c'est pas trop mal!

Je m'entraîne beaucoup et je fais toujours beaucoup d'équitation. Il y a quelques semaines, j'ai participé à une compétition (la course de sauvetage) et j'ai assez bien performé. J'étais pas mal content! La semaine dernière, en pratiquant, on a eu un accident, ma partenaire et moi. Je m'en suis tiré indemne, mais elle a subi une fracture au pied et s'est déchiré des muscles dans le dos... Mais bon, c'est ça, la vie de cow-boy!

Je fais aussi un peu de rodéo. Ça me prend quelques sensations fortes, question de me procurer une dose d'adrénaline de temps en temps!

Toi, comment vas-tu? Et ton chum? Fais-tu encore de la planche à voile? Si t'as envie de me donner de tes nouvelles, j'apprécierais.

Bye!

Ton ami du Royal 22e Régiment,
Caporal Kègle xx
(Je vais me donner un peu plus d'importance que soldat quand même!)

Novembre 2007

Salut, chevrier caporal major!

Mais oui, je connais l'histoire du bouc! Tu t'occupes des cadeaux de la reine, maintenant?! T'es pas sérieux? Fais-tu les parades avec le manteau rouge et le chapeau en poil d'ours? Ô fierté, quand tu nous tiens...

Le chum? La planche à voile? Ouf! T'es en retard dans les nouvelles du front lanaudois, caporal! Je commence par où? Les amours?

En fait, je me suis déconjugué le conjugal peu de temps après l'interruption de notre correspondance. On était en couple depuis sept ans et on s'adorait. Pour vrai. Alors pourquoi se séparer?

Sais pas.

Depuis des années, il y a, affichée dans mon bureau, cette citation d'Isabelle Eberhardt: «Pour l'instant, je n'aspire qu'à [...] dormir dans le silence et la fraîcheur de la nuit, sous les étoiles filantes tombant de très haut, avec pour toit l'immensité sans fin du ciel, et pour lit la chaleur de la terre, en sachant que personne, où que ce soit sur la Terre, ne se languit de moi, que nulle part l'on ne me regrette ou l'on ne m'attend. Savoir cela, c'est être libre et sans entraves, nomade dans le grand désert de la vie où je ne serai jamais rien d'autre qu'une étrangère.»

J'étais en couple, et amoureuse, mais ça criait en moi. Tellement fort que c'est devenu assourdissant. La crise de la trentaine, peut-être... Un matin, on s'est regardés et j'ai dit : « Est-ce que c'est fini ? » Il a répondu oui et il est parti. Il a pris ses instruments, le poêle, le frigidaire, deux ou trois airs de musique et il a vidé la maison de nos amours.

Enfant, je rêvais de devenir capitaine de cargo. Profitant de ma liberté nouvelle, j'ai pris des cours de voile, puis de repérage cartographique, de mécanique pour moteurs de bateau, de soins d'urgence, etc. Depuis, je navigue à gauche et à droite, j'apprends. J'ai aussi publié deux romans – dont celui que j'écrivais sur la plage. Et je travaille à temps partiel sur le troisième, un roman d'enquête qui se passera en Gaspésie.

Je navigue, j'enseigne, j'écris et je lis. Voilà. Tu sais tout.

Et je garde (occasionnellement !) un coin d'œil entrouvert sur les faits et gestes de l'armée canadienne...

Dernièrement, j'ai lu le livre de Martin Petit, *Quand les cons sont braves*[1]. (Tu connais peut-être Martin, il a servi dans le 22e et il habitait Shannon.) J'ai lu ce livre en pensant à toi, à ce que

---

[1]. Martin Petit, *Quand les cons sont braves*, VLB éditeur, 2007.

tu m'écrivais depuis l'Afghanistan, puis à ton retour : tes cauchemars, ton désir d'aider lié au sentiment d'inutilité, la brutalité des hommes qui te dirigeaient... Tout ça, je l'ai lu dans le livre de Martin Petit, comme je l'avais lu, sans toujours comprendre, dans tes lettres.

J'aurais dû faire plus attention à ce que tu m'écrivais. Je m'excuse d'avoir manqué d'écoute. Je ne comprenais pas. Je me disais que l'enfer, c'était là-bas, pas ici, et que la poussière retomberait rapidement.

Je ne suis pas sur ton terrain, c'est difficile de juger. Mais grâce à toi, je suis convaincue de la pertinence d'une armée d'aide humanitaire, d'une armée qui éduque, défend, informe. Et à cause de Martin Petit, je pense que l'armée doit gérer un fabuleux problème de conneries, d'idioties perpétrées par des commandants qui organisent la vie des hommes avec, parfois, une certaine indifférence. La faiblesse de l'armée, c'est peut-être son manque d'humanité !

J'en reviens pas que tu fasses du rodéo ! J'ai eu, il y a quelques années, un grand gaillard solide d'étudiant qui venait en classe avec un chapeau de cow-boy, des bottes et qui portait un ceinturon en or remporté dans un tournoi en Alberta, je pense. Un gars hyper comique, mais qui s'était déboîté plein d'affaires à force de tomber partout... Il avait vingt-deux ans. Toi, t'es un peu plus vieux, me semble... Essaie de ne pas casser toutes tes partenaires ni de te démolir la colonne en faisant trop de niaiseries, Kègle, OK ? Je préfère

soutenir le moral d'un militaire au front que celui d'un cow-boy handicapé!
 Amitié, caporal,

 Roxanne xx

Novembre 2007

Salut Roxanne,

Pour Martin Petit, eh bien, je le connais personnellement : on a travaillé ensemble quelques années dans la même compagnie ! Il me surnommait toujours « le boche » à cause de mes racines allemandes. C'était tout un soldat, ce Martin ! Il était vraiment bon sur le terrain, mais on connaît la suite... Lorsque je l'ai vu à la télé, il m'a paru très bien, je crois qu'il a fait beaucoup de chemin. J'étais content de le voir ainsi !

Oui, c'est vrai qu'en revenant de l'Afghanistan, je suis tombé... Ma vie était devenue un grand trou noir.

J'ai eu de la difficulté à quitter mentalement cette mission. Au volant, j'étais agressif et je conduisais mal, comme si j'étais encore dans les rues bordéliques de Kaboul. Je suis resté avec la crainte de voir un kamikaze s'approcher de mon véhicule.

J'avais de la difficulté à m'endormir, mais j'étais totalement épuisé. Les cauchemars se sont installés et intensifiés. Je me réveillais brûlé, mais cela me donnait un peu d'adrénaline, ce que je ne détestais pas du tout ! Je devenais de moins en moins patient à la maison, et de plus en plus incompris. Mes frères d'armes me manquaient.

Alors, tout s'est mis à s'envenimer dans mon couple – j'ai voulu, moi aussi, tout quitter. J'avais l'impression que ma blonde était contre moi, que les expériences que j'avais vécues ne l'intéressaient pas. Je lui ai fait vivre l'enfer, après tous ces mois de mission qu'elle avait passés seule avec nos deux enfants à tenir le fort…

C'est un de mes chums, André-Gilles, qui m'a pris en main. Il est débarqué chez moi un bon matin. Je pense que Chantal lui avait glissé un mot de ma situation. Il a appelé au « deuxième étage » (c'est comme ça qu'on appelle les services psychosociaux de l'hôpital sur la base), il leur a expliqué mon cas et a insisté pour que je voie quelqu'un immédiatement, ce qui s'est produit. Une chance qu'il a été là! Mais le pire dans tout ça, c'est qu'il vivait exactement la même chose que moi… La camaraderie est tellement forte qu'on ferait tout pour notre chum, c'est pour cette raison qu'on dit « frère d'armes ».

J'ai alors commencé mon suivi. Je pense qu'à ce moment, je n'existais plus. Durant quelques semaines, j'ai eu peine à sortir de ma chambre! Aujourd'hui, je n'arrive pas à croire que j'ai pu rester sur le bout de mon lit sans bouger des heures durant… C'était le néant, je vivais un échec. Moi qui avais toujours été fort, j'étais une âme perdue.

On m'a diagnostiqué un syndrome post-traumatique, mais on m'a dit que je pourrais m'en sortir et même retourner un jour en mission, grâce à la résilience (c'est la capacité à surmonter un choc violent, à se refaire une vie après un traumatisme). Avec l'aide d'un médecin exceptionnel, d'une psychologue, d'une psychiatre et d'un ergothérapeute, je me suis mis au travail. Cela n'a pas été de tout repos. C'est presque le travail d'une vie, d'essayer de se relever d'une telle situation.

Dans l'équipe dont j'ai fait partie, plus de sept gars ont subi le même sort que moi, mais à des degrés différents. Ce qui est difficile, c'est qu'on se sent jugé, on se sent faible. Pourtant, j'ai été fort tout au long de la mission et je n'ai jamais reculé! Devant rien!

Ce qui m'a aussi sauvé, c'est de pouvoir en discuter avec mes chums qui, eux aussi, vivaient ce désarroi. On allait se réfugier dans le garage d'un des gars et on prenait un café en se racontant la mission et nos problèmes quotidiens. Sans le savoir, on se remontait un peu le moral. On était les seuls à pouvoir vraiment se comprendre.

Un jour, j'ai invité les gars à souper avec leurs blondes. Dans la soirée, on s'est mis à raconter quelques anecdotes. C'est à ce moment que Chantal a pris conscience de ce que j'avais vécu, car j'en avais très peu parlé avant ça.

Je pourrais continuer à t'en parler, mais c'est difficile... Ça me replonge dans le noir. Je suis encore marqué, un peu fatigué, mais la vie est belle!

Bon, j'en ai assez dit.

Il faudrait vraiment que je lise tes livres maintenant que je vais mieux, car avant, j'aurais été incapable de me concentrer. Mais on s'en sort, comme tu dis.

J'espère avoir bientôt de tes nouvelles. Tu es chanceuse de faire de la voile !

Fais attention à toi.

Patrick xx

Décembre 2007

Salut caporal,

Merci pour ton courriel.

Tu sais, quand j'ai décidé que je correspondrais avec toi, je me suis renseignée un peu. J'ai lu quelques articles et sites internet sur l'histoire de l'Afghanistan, quelques romans sur Kaboul, regardé deux ou trois documentaires et j'ai pris connaissance des codes de loi talibans[1]. Je suis tombée des nues parce que je me suis aperçue, du nord de mon Amérique, que je ne pouvais même pas imaginer de tels bourreaux...

Puis, tu m'as raconté cette histoire de talibans qui avaient décapité une enseignante dans une école de petites filles... J'ai continué à me dire antimilitariste, mais y avait des jours, caporal, où j'étais tellement écœurée que j'aurais voulu te demander de trouver ceux qui terrorisaient les Afghans, ceux qui violaient leurs enfants, et de les tuer.

Cette correspondance m'aura posé les pires problèmes de conscience de toute ma vie, Pat

---

1. Voir l'annexe 2.

Kègle. Pendant ces jours-là, où je voulais que tu me jures que vous étiez Gardiens de la Paix, j'ai eu envie de te demander de tuer des gens. Tu imagines? Comment demander ça à un homme? Et surtout à toi qui devenais peu à peu mon ami?

Je ferais un mauvais adjudant. J'ai trop de colère en moi, trop de douleur devant l'humanité souffrante. Je dirais à mes hommes de venger les enfants, de tuer des talibans et je voudrais, en même temps, qu'ils n'aient jamais à le faire...

Depuis un an, j'ai lu plusieurs textes de vétérans et je m'aperçois que ce qui fait le plus souffrir les hommes de guerre, ce n'est pas la crainte d'aller au front, l'incertitude du combat ou la peur de mourir. Non. Ce dont vous témoignez tous, c'est du désarroi face à la souffrance des autres. Vous avez tous mal d'avoir vu des gens souffrir dans des conditions absurdes et de n'avoir pas pu les aider. Parfois même, ce sont les militaires eux-mêmes (soldats, gradés, politiciens de votre propre clan) qui vous heurtent en prenant de mauvaises décisions, en jouant non seulement avec la vie des gens que vous défendez, mais aussi avec celle de leurs propres hommes.

C'est peut-être aussi ça, le syndrome post-traumatique: bâtir sa vie autour d'un idéal (celui de sauver le monde), tout mettre en œuvre pour devenir le soldat qui contribuera à la paix et s'apercevoir, au retour de terribles missions, qu'on n'a (peut-être) rien changé. Qu'on est impuissant.

Pourtant... J'écoute les témoignages et je me dis qu'il y a un véritable héroïsme à porter en soi

les images de l'insupportable, à être témoin et mémoire. Il est tellement plus facile de fermer les yeux ! Ton travail n'est (peut-être) pas inutile...
Amitié sincère,

Roxanne

Décembre 2007

Salut Roxanne,
 Je voulais te dire merci pour ta lettre qui m'a vraiment touché.
 C'est vrai ce que tu dis sur le syndrome post-traumatique. Un jour, on se sent comme un héros, et le lendemain, c'est la déchéance! Curieusement, la mission me manquait, ainsi que mes chums avec qui j'avais vécu cet épisode de vie si intense. Dans la vie de tous les jours, je ne servais plus à rien, alors que si j'étais resté là-bas, je suis sûr que j'aurais été performant...
 Ça fait partie du syndrome.
 Je savais que ça n'allait pas. On me disait que je n'étais plus le même. J'ai eu de la difficulté à l'admettre, mais je me suis rendu à l'évidence. Il y avait les cauchemars: chaque nuit, je retournais en mission. En voiture, j'étais agressif, moi qui d'habitude suis Roger Bontemps. J'ai voulu tout quitter... Plus rien ne m'émerveillait, comme si mon âme s'était éteinte. Heureusement qu'André-Gilles a entamé les démarches pour que je m'en sorte! Quand on m'a reçu à l'hôpital, je me suis senti entre bonnes mains. On m'a rassuré sur cette maladie. J'ai appris à vivre avec, mais ce n'est pas toujours facile. Ce fut une longue année de

travail et je sais que je ne serai plus jamais le même homme. Mais je me suis relevé, comme toi après ta séparation.

Ce qui m'attriste le plus, c'est ce que j'ai fait endurer à mes enfants. Pour eux, je devais me relever. Mais je sais qu'ils sont fiers de moi. Il n'y a pas une journée qui passe sans que je leur dise combien je les aime.

Mon amour pour les chevaux et la nature m'a aussi aidé à sortir de cette noirceur.

À Kaboul, j'avais réussi à acheter une bride et une cravache faites à la main par les Afghans. C'était pour moi un beau souvenir de ce pays dont on sait que le sport national, le *buzkashi*, a été inventé (à l'époque de l'invasion de Gengis Khan) pour entraîner les cavaliers. C'était très rudimentaire comme équipement. Rien à voir avec ce que nous pouvons acheter dans les boutiques équestres.

Pendant ma déchéance, j'ai vendu mon cheval. Plus rien n'allait, j'aurais voulu disparaître.

J'ai eu la chance, à la même époque, de rencontrer Denys, mon forgeron. Nous avions des discussions sur ma mission, il était intéressé par ce que j'avais vécu. En silence, ça me touchait. Lorsque j'ai vendu mon cheval, Denys m'a parlé de la bride que j'avais achetée. Une semaine plus tard, je me présentais chez lui pour lui donner cette bride. C'est alors qu'une amitié est née. Je n'avais plus de cheval, mais ce n'est pas ce qui manquait chez Denys. Il m'a emmené faire des promenades équestres sur le bord du fleuve et acheter des chevaux en Ontario. Il m'a redonné confiance en moi. Il ne le savait pas, mais il me sortait de cette noirceur.

Quand je retournerai en mission, je serai mentalement mieux préparé pour faire face aux chocs traumatiques. D'ici là, il me reste encore du bon temps avec ma famille, alors je vais en profiter.

Bye!

Pat xx

Fin décembre 2007

Salut Pat,

Ta lettre m'a fait sursauter. Tu as comparé ton syndrome post-traumatique à ma peine d'amour...

T'as peut-être raison.

J'en rigole aujourd'hui, mais à l'époque j'ai raclé tous les fonds de barils qui se raclaient, caporal... Après la rupture, j'ai traversé tout ça : le regard des autres, ma culpabilité, le silence de la maison, ma culpabilité, les heures d'insomnie, ma culpabilité, le tri des photos, ma culpabilité, les doutes, ma culpabilité... Puis, un matin, mon café a pris le goût du pardon. Il y avait du rose à l'est, et au fond de moi, j'ai su exactement où je voulais aller. Comme d'autres partent à cheval, je suis allée en mer.

Ça fait trois ans et je n'arrive pas à aimer de nouveau. Des fois, l'amour me manque, mais pas souvent, alors je poursuis seule mon épopée maritime. On verra bien où mes voiliers s'ancreront.

Tu dis que tu repartiras.

Tu iras peut-être à Kandahar, un des fronts actuellement les plus durs. Ou ailleurs. Tu porteras encore des grenades, une arme de poing, une mitraillette contre ton corps, caporal. D'autres te diront d'ouvrir le feu. Sur qui. Quand le faire, quand ne pas le faire. Je ne voudrais pas être à leur place. J'espère qu'ils ne se tromperont pas. J'espère aussi que tu leur pardonneras – et surtout, que tu te pardonneras à toi-même. Tout. Ce que tu auras fait et ce que tu n'auras pas pu faire. Et que tu reviendras en paix.

Je pars quelque temps en voile, dans les Caraïbes. Je te laisse avec ta femme et ta famille. Prends soin de ton cœur, chevrier-cow-boy.

Et quand tu retourneras en guerre, écris-moi de nouveau, si tu veux. Je serai là.

Amitié,

Roxanne

Fin décembre 2007

Salut Roxanne,

Je me guéris du syndrome post-traumatique, alors toi aussi, tu guériras de ta séparation et tu aimeras de nouveau. Peut-être dans le Sud ? Je te souhaite un beau voyage et un joyeux Noël !

Prends soin de toi.

Je suis militaire, alors quand il y aura d'autres missions, je devrai y aller. C'est mon métier. J'irai où on m'enverra, et quand je repartirai, je t'écrirai.

Merci pour tout.

Joyeuses fêtes !

Pat xxxxx

Un ans plus tard

16 décembre 2008

Salut Roxanne!

Ça fait un bon bout que j'ai eu de tes nouvelles! Comment vas-tu? Moi, ça va plutôt bien. Ma vie a été comme une tempête tropicale cette dernière année, mais à présent, les choses commencent à se placer. J'ai perdu ma mère l'an dernier (elle avait soixante-trois ans), ce fut une grosse perte. Mais une bonne nouvelle est aussi venue éclairer ma vie, puisque nous avons donné naissance à un troisième enfant, Chantal et moi, un beau petit garçon appelé Ulrich. Il est né le 27 mai de cette année 2008.

Je passe mes temps libres à me promener dans les arénas, puisque Benjamin, mon plus vieux, joue au hockey. Heidi essaie plein de sports, elle n'est pas branchée... Elle est passée du hockey au *cheerleading* et maintenant à la natation.

J'ai toujours un cheval, alors je passe aussi beaucoup de temps à l'écurie. J'ai le projet d'acheter l'écurie où il est en pension. Avec mon cheval, cet été, j'ai participé au spectacle son et lumière *Plaines lunes* commémorant le 100e anniversaire de la Commission des champs de bataille (plaines d'Abraham) et le 400ᵉ de Québec. Ce fut une expérience mémorable ! Un spectacle de toute beauté !

Pour le travail, eh bien, je suis retourné à mon bataillon opérationnel.

L'armée est en manque de personnel, la mission en Afghanistan commence à épuiser notre armée peu nombreuse. En mars 2009, je prendrai l'avion, direction Afghanistan, pour une deuxième fois... Cette fois-ci, j'irai à Kandahar et je serai au peloton de reconnaissance, une tâche pas très reposante. Mais bon, je pars confiant. Ce sera difficile de quitter ma famille. Il me reste un entraînement de dix jours, fin janvier, à Fort Bliss, au Texas, question de me préparer au terrain aride du désert.

En tout cas, si un jour tu as une petite minute, donne-moi un peu de tes nouvelles ! Comment va l'école ? Fais-tu toujours de la voile ? Bonnes vacances de Noël !

Patrick xx

18 décembre 2008

Patrick!

Quel bonheur de recevoir de tes nouvelles!

Désolée pour ta mère – la mienne a le même âge et je serais terriblement affligée de la perdre. Et félicitations pour le bébé!

De mon côté, ça va bien. Très bien, même.

Au printemps, j'ai entrepris de rebâtir ma maison au complet. J'ai dessiné les plans, acheté les matériaux et je travaille sur le chantier tant que je peux. Mon père est le grand boss et j'engage mes frères à l'occasion. C'est beaucoup de travail, mais ça avance beau!

Je me suis offert un peu de congé, à l'été, pour aller faire de la voile en Gaspésie, mais j'ai pas eu le temps d'écrire beaucoup. Alors, la session prochaine, je prendrai congé du cégep pour travailler sur mon troisième roman.

Et toi, tu retournes là-bas... Hum. Tu sais que j'aime mieux te savoir ici, hein? Ouais. Surtout que ça brasse fort, en Afghanistan, depuis quelques mois... Je te croyais définitivement gardeur de chèvres. Pourquoi tu repars? Tu prends ça comment? Si tu veux de ma correspondance, je suis toujours fidèle au poste, caporal! Évidemment.

Je ne peux rien contre les balles, mais je ferai de mon mieux pour contrer le mal du pays.

Rien qu'une affaire, par exemple... Si tu recommences à m'écrire depuis l'Afghanistan, je tiens AB-SO-LU-MENT à ce que tu m'envoies des photos de toi en kit d'armée, avec des guns, des tanks pis des affaires qui font peur! Pis en couleurs! Tant qu'à correspondre avec un militaire en mission, je veux avoir un visuel de la situation, caporal Kègle. C'est-tu clair?!

Pour l'instant, tu vas passer les fêtes dans ta famille. Amusez-vous fort!

Des bises à tous, y compris au p'tit dernier!

Roxanne xxxxx

16 janvier 2009

Salut Roxanne!

Je t'explique: j'étais rendu avec la mascotte Batisse (le bouc) et je devais prendre la relève du chevrier actuel qui s'en allait à la retraite, mais une nouvelle loi est entrée en vigueur et elle autorise les prolongations de contrat jusqu'à l'âge de cinquante-cinq ans. Ma position devenait alors compromise. Ils ont décidé de me garder, mais sans confirmer mon poste. Au même moment, mon bataillon se préparait pour cette mission à Kandahar et mon ancien peloton (reconnaissance) cherchait des soldats d'expérience pour grossir ses rangs. Beaucoup de mes copains en font partie, dont mon meilleur chum qui m'a demandé de le suivre.

C'est mon devoir de servir. Tôt ou tard, ils vont m'utiliser, et je n'aurai peut-être pas la chance d'être avec mes vrais chums. J'ai discuté de la situation avec mes boss et leur ai demandé s'il était possible de reprendre le poste de maître-chevrier à la fin de la mission. Ils ont accepté.

J'espère que je t'ai éclairée un peu.

Alors, prochain départ avant déploiement et dernier droit avant la mission: je quitte ce mercredi direction El Paso, au Texas, pour dix jours d'entraînement, question de se réchauffer un peu avant Kandahar.

Je serai patrouilleur de reconnaissance. Ce ne sera pas de tout repos, puisque nous serons à l'avant des troupes pour recueillir de l'information. Nous sommes peu nombreux pour ce genre de tâche, ce qui nous rend vulnérables aux embuscades.

Une section comprend de six à huit soldats et nous devons être autonomes, côté équipement. Nous sommes à pied 80 % du temps, et la charge du *rucksack* (sac à dos) atteint souvent les 100 livres, et ce, en plus de l'équipement personnel qui est de soixante-dix livres (armes, plaques balistiques, veste antifragmentation, casque de kevlar, armes personnelles, grenades et munitions). Ceci combiné à des températures atteignant les 40 °C... Ça prendra beaucoup d'eau !

La tension risque de s'aggraver avec les élections qui sont prévues pour septembre. Mais avec l'arrivée de M. Obama, de vingt mille à trente mille Américains sont censés venir nous prêter main-forte. Ce serait formidable, car nous sommes très peu sur le terrain. Ça renforcerait beaucoup la sécurité.

À part ça, j'essaie de profiter au maximum de la vie, de la famille. Tout va bien, mais ce sera difficile de les quitter. Je garde le moral et je reste croyant, alors c'est plus facile !

Si tu as quelques minutes, laisse-moi un petit message.

Patrick x

23 janvier 2009

Salut Patrick !

Tu dois être arrivé à El Paso. J'imagine que t'as enlevé ta tuque et tes mitaines ! Ici, il y a un petit temps gris ; il fait froid, ce matin, et humide. Le ciel est blanc, on dirait qu'il est plus bas que d'habitude.

Je pense à tes cent soixante-dix livres de stock. Moi, à cause de mes rénos, j'ai des saloperies de tendinites dans les épaules et dans les coudes. J'ai de la misère à écrire. J'ai eu droit à tout : anti-inflammatoires, gouttes homéopathiques, ostéopathe, acupuncteur... Y a rien qui fait vraiment effet.

Comme ça, tu t'es encore arrangé pour être dans les zones à risques ?! Ça m'étonne pas : que serait la vie sans une bonne attaque à la grenade, je vous le demande ?

Sois prudent, surtout avec les bras : on ne se méfie jamais assez des tendinites !

Roxanne xx

1ᵉʳ février 2009

Salut Roxanne !

Je suis de retour du Texas et du Nouveau-Mexique, car on s'est promenés des deux côtés. Ce fut un très bon entraînement, pas trop difficile, juste pour se dégourdir avant de passer au mode « guerre anti-talibans ».

J'ai pris un peu de soleil. Il a fait assez chaud, mais les nuits et les matinées étaient froides : on passait de 20 °C à -5 °C. L'écart est quand même assez difficile à supporter quand on doit dormir dehors... mais c'est moins pire que -30 °C !

Et toi ? Es-tu toujours célibataire ?

Tu sais, avec ma vie de militaire, je n'ai même pas lu tes romans ! Je ne suis pas fier de moi, mais je vais me reprendre : cette semaine, je vais chercher tes livres et je vais les lire en Afghanistan.

J'aimerais bien prendre un verre avec toi et discuter, un jour, si c'est possible. Je pourrais te parler de mes tendinites aussi ! Avec l'entraînement excessif, des fois, on finit par s'estropier.

Je t'envoie des photos du Texas et du Nouveau-Mexique. Le 30 mars, ce sera Kandahar (on m'a dit que ça voulait dire Alexandre le Grand...).

Fais attention à toi et à tes tendinites.
J'attends de tes nouvelles.
Salut !

Patrick xx

5 mars 2009

Salut Patrick !

Dernière halte québécoise avant ton départ ? Ça doit être étrange... Si je te connaissais un peu, je dirais que tu dois être déchiré entre le goût de l'aventure et le bonheur de la maison... Mais tu reviendras vite, tu vas voir !

Sinon, oui oui, je suis toujours célibataire ! J'ai d'ailleurs scrapé un souper de Saint-Valentin à cause de toi.

Mouaip.

Y avait un gars qui m'écrivait souvent sur Facebook. Un type que j'avais vu une fois ou deux, de loin, et qui s'était mis en tête de me courtiser. Il ne m'intéressait pas vraiment, mais mon ami Jean-Phylip arrêtait pas de me traiter de vieille fille, alors, un peu par bravade, j'ai décidé, quand le type m'a appelée, d'accepter son invitation à souper.

Il faisait mauvais, tempête de neige, et j'aurais dû rester chez nous, mais j'avais rien prévu et il s'offrait de me cuisiner un rôti de porc dans son jus, suivi d'une fondue au chocolat... Quand on est paresseuse dans une cuisine, c'est le genre d'invitation qu'on ne refuse pas.

Malheureusement.

Je me pointe donc chez ledit garçon autour de 18 h 30 pour constater qu'il s'agit, comme on dit, d'une *double date* : le colocataire, transformé en aide-cuisinier, a décidé d'inviter sa dernière conquête à souper. Me voilà donc attablée entre mon hôte (qui, légèrement ivre à mon arrivée, semble s'imaginer que je serai une proie facile) et le jeune couple d'amants (qui s'embrassent à langue-que-veux-tu) devant le rôti mijoté à point pour ce souper valentin.

La conversation roule en billes sur la table : l'hiver, la musique, les projets..., puis déboule vers moi :

« Toi, Roxanne ? Qu'est-ce qui se passe de bon, ces temps-ci ? »

Il a le regard effronté et me reluque les lèvres, comme un homme qui s'apprête à m'embrasser.

« Ces temps-ci ?... J'ai reçu aujourd'hui une lettre de mon correspondant, un militaire qui s'en va bientôt à Kandahar, et ça me préoccupe. »

Il recule, piqué que j'ose aborder la présence d'un autre homme que lui dans ma vie. L'aide-cuisinier, subitement transformé en défenseur, décide d'intervenir :

« On sait ben, les filles, ce qui les excite, c'est l'habit militaire... »

J'ai failli m'étouffer.

« Il doit l'impressionner, avec son gun ! »

Et mon hôte l'encourage :

« C'est ça que t'aimes, toi : des gars avec des gros guns qui tirent partout ? »

Je pose ma fourchette. Quoi dire?

« Mon correspondant est marié. Il a trois enfants. Je l'ai jamais vu, mais quand il va au front, on a pris l'entente de s'écrire. Correspondance de guerre. »

Ils échangent un regard lourd et baveux.

« Ouais, ouais... »

Ils ramassent les plats.

« Pis là, il s'en va à Kandahar? Sais-tu ce qu'il s'en va faire en Afghanistan? Protéger les intérêts des Américains!

— C'est plus complexe que...

— Parce que les Américains veulent passer des oléoducs...

— Non, ils peuvent pas...

— Maudit que t'es nounoune! T'as-tu été voir la carte de l'Afghanistan? Tu le sais-tu, c'est où? À côté de l'Irak!

— Non, y a l'Iran entre les deux. Pis ce serait difficile de passer des oléoducs: l'Afghanistan est le pays le plus miné au... »

Ils ne m'écoutent pas, rient dans leur verre de vin.

« Maudit qu'elle est naïve! Un soldat en uniforme lui envoie des p'tites lettres pis elle croit n'importe quoi!

— Naïve? Parce que je corresponds avec un soldat qui va se battre contre les talibans? Vous faites quoi, vous autres, pour sauver le monde? »

Piqués, ils se tournent vers moi.

« Quand tout le monde au Québec ira bien, on pensera à aller sauver les autres!

— Le Québec?! C'est pas comparable! L'Afghanistan est un des pays les plus pauvres de la planète! Plus pauvre qu'Haïti! Les talibans bafouent les droits humains, torturent des hommes, lapident des femmes, violent des enfants...

— C'est pas chez nous! Qu'ils s'arrangent avec leurs problèmes!»

Je recule ma chaise.

«Vous autres, si vous entendiez votre voisine se faire battre par un maudit cave, vous feriez quoi? Vous monteriez le son de la radio pour être sûrs de rien entendre?

— Moi, j'étais d'accord avec l'armée quand elle était *peacekeeper*! Là, l'armée canadienne attaque un autre pays. Pas d'accord!

— T'es d'accord avec les soldats pourvu qu'ils se servent pas de leurs fusils, c'est ça?

— Je suis d'accord pour que les soldats sauvent du monde, pas pour qu'ils en tuent!

— Des fois, sauver du monde exige que...

— Qu'on tue du monde? T'es d'accord avec ça, toi? Il t'a lavé le cerveau, ton soldat!

— Non, je suis pas d'accord! Mais ils ont servi à quoi, les soldats désarmés de la Bosnie? Du Rwanda?

— T'oublies que c'est la CIA qui a porté les talibans au pouvoir!

— Je l'oublie pas, mais on devrait faire quoi, maintenant? S'en foutre et s'en aller?

— Si les Afghans veulent vraiment se libérer des talibans, qu'ils s'arrangent!»

Debout, de dos, ils préparent le dessert. L'autre fille ne dit rien. Elle regarde ailleurs. Je me lève et j'enfile discrètement mes bottes. Ils placent des fruits sur un plateau, font fondre le chocolat en continuant seuls leur animation sarcastique.

« Pis les gars sont cons en crisse, *man*! Ils se font dire: y a quinze soldats qui sont morts! Pis eux autres, au lieu de rester icitte, ils font quoi? Ils y vont! »

Ils rient, se tapent sur les cuisses.

« T'imagines ça? Heille, les gars! On va-tu se faire tuer pour rien? Ouais! »

En silence, j'ai ouvert la porte et me suis faufilée dehors. La neige avait cessé de tomber, la nuit s'éclairait d'un rayon de lune. J'ai embarqué dans ma voiture et j'ai roulé jusque chez moi.

J'ai dû, jadis, lancer de pareils arguments. Je te les ai même probablement écrits.

Tu sais, je n'approuve pas ton métier, Pat, va pas croire ça. Je ne suis pas devenue pro-armée. J'ignore si l'espoir est permis, en Afghanistan, et je doute que l'armée canadienne y règle quoi que ce soit.

Seulement... ça me semble trop facile de réduire le discours (sur l'armée, sur l'Afghanistan) à quelques lieux communs grossiers et grotesques. Je ne sais pas trop quoi penser de tout ça, mais je refuse d'être une antimilitariste primaire.

Et à cause de ça, je vais peut-être finir vieille fille...

Roxanne

12 mars 2009

Bonjour Roxanne!

Un souper de Saint-Valentin manqué! La fête de l'amour? Eh bien, je me pose une question: est-ce que les Afghans réussissent à aimer après toutes ces années de guerre? Comment peut-on aimer tendrement avec une vie si difficile et un stress constant?

Tu sais, ce que tu viens de vivre, eh bien, c'est du déjà-vu pour nous, les soldats! Les préjugés au Québec vis-à-vis de notre travail sont très présents. Mais chaque personne est libre de penser comme bon lui semble. C'est ce que nous défendons en Afghanistan. Ce qui est triste, c'est de constater que les supposés pacifistes sont souvent plus rigides et moins tolérants que nous, militaires au service de la paix.

Tu sais, quand j'entends quelqu'un dire: «Qu'ils s'arrangent tout seuls!» et que je viens de côtoyer des enfants orphelins de la guerre dont le seul espoir est notre présence pour rétablir un semblant de paix, je suis triste... Je revois les visages des enfants afghans, je me demande comment ils voient l'avenir. J'ai envie de les prendre dans mes bras et j'ai pourtant un «gros gun» entre les mains, un revolver et même quelques grenades... Mais j'ai aussi un cœur de père prêt à se sacrifier pour la liberté, et crois-moi, c'est le reflet de notre armée. Quand nous sommes sur le terrain, c'est la réalité: la pauvreté, la maladie sans soins de santé, l'anarchie... Ça prend de l'ordre, je pense, pour replacer tout ça.

Je suis pacifique, mais je ne suis plus capable des grandes gueules qui parlent fort et critiquent l'armée. S'il y avait une guerre mondiale, ils se couperaient eux-mêmes les pouces pour ne pas combattre. Ces civils peuvent juger les décisions des politiciens (qui ont été élus par la démocratie!), mais pas le travail des soldats qui n'hésitent pas à se sacrifier pour le respect des droits de l'homme.

De toute façon, peu importe où le gouvernement nous demandera d'intervenir, nous ferons le travail de la même manière, en reflétant les valeurs de notre pays.

J'ai l'air de parler comme quelqu'un qui a le cerveau lavé. Eh bien non... Quand on voit toute cette misère et ces enfers sur terre, on constate la chance qu'on a d'être né dans un si beau pays, même si l'hiver est frette en batinse, pis que l'été, c'est chaud pis humide en viande à chien! Au Québec, nous sommes d'éternels bougonneux heureux! Le comportement de tes «copains», c'est bien de chez nous. C'est dommage, mais mauditement pas dangereux!!!

Alors, pour ce souper de Saint-Valentin, ce n'est pas une grosse perte. Je doute que ce gars te mérite.

Je pars bientôt. Je te donnerai des nouvelles de Kandahar, si tu veux.

Pat xx

15 mars 2009

Salut Pat,

Merci de ta lettre. Des fois, caporal, tu m'impressionnes.

Te souviens-tu du film *Jarhead. La fin de l'innocence*[1] ? L'histoire d'un gars qui entre dans l'armée et qui vit toutes sortes de désarrois. En pensant à toi, j'ai retrouvé une citation de ce film sur internet : « Toutes les guerres sont différentes. Toutes les guerres sont pareilles. Une histoire, un homme tire au fusil pendant des années et il part à la guerre. Et après, il rentre chez lui, et il se rend compte que quoi qu'il fasse d'autre dans sa vie... construire une maison, aimer une femme, changer les couches de son fils, il restera toujours un Jarhead. Et tous les autres Jarhead qui tuent et qui meurent, eux, seront toujours moi. On est encore dans le désert. »

J'ai pensé à toi à cause de ce que tu as vu. Tu as choisi un destin étrange, ami militaire : plus jamais tu ne pourras, après ce que tu as vu, être

---

[1]. Réalisé par Sam Mendes en 2005.

innocent du monde, faire comme si « ça » (la pauvreté, la misère, l'horreur) n'existait pas.

Parce que tu as choisi de porter ça sur tes épaules, dans tes souvenirs, dans ton cœur d'homme, il y a bien des choses qui doivent te sembler idiotes, maintenant. Je ne te verrais pas, par exemple, tenter de vendre des assurances par téléphone...

Je vais t'écrire, Pat, régulièrement. C'est sûr.

De mon côté, puisque j'ai choisi de vivre dans une société de loisirs et de futilités... ben... je suis un peu gênée de te le dire, mais je m'en irai aussi en voyage très bientôt. Alors que tu pars en mission sur un des pires territoires du monde, je m'en vais me balader à voile dans le Sud.

Un de mes amis m'a mise en contact avec une enseignante de cégep à la retraite qui sillonne la mer des Antilles depuis trois ans. Elle y va tous les hivers et, comme elle n'aime pas naviguer seule, elle se cherche régulièrement de l'équipage. Nous avons discuté et elle a l'air hyper sympathique.

Je m'embarquerai donc pour un mois sur un voilier de trente-cinq pieds, dans l'archipel de Saint-Vincent-et-les-Grenadines (juste au nord du Venezuela), qu'on appelle aussi les Îles-du-Vent. C'est une ancienne colonie britannique maintenant indépendante qui a beaucoup d'horizon très bleu... Je m'envolerai le 18 avril, peu de temps après ton départ.

Malheureusement, j'ignore si nous pourrons communiquer facilement, toi et moi. En voile, dans ce chapelet d'îles isolées, je doute d'avoir un accès quotidien facile à Internet. Je t'écrirai quand même et je prendrai tes courriels dès que je le pourrai, OK ? Promis.

Je ne te laisse pas tomber, guerrier !

Roxanne xx

29 mars 2009

Salut Roxanne!

Ce sont de bonnes nouvelles! Wow! Les Grenadines! C'est une destination de rêve! Je changerais volontiers de place avec toi! Le vent du large contre une tempête de sable, ça te tente pas? Tu me raconteras cette superbe expédition. J'espère que cette escapade dans ce coin de paradis te fera rencontrer un beau marin rêvant d'amour et d'aventure! Si les communications sont limitées, tu m'écriras quand tu pourras.

Je pars demain.

Tu sais, je demande à Dieu tous les jours de me ramener en un seul morceau... ou le moins amoché possible. Je veux revoir ma famille! J'ai un bébé... Ça me torture l'esprit, l'idée qu'il ne me connaisse pas. J'essaie de ne pas y penser, mais c'est plus fort que moi. Quand je le prends dans mes bras et que je regarde mes deux plus vieux, j'en ai presque les larmes aux yeux.

Je te promets d'écrire mes missions, même si tu ne verras pas mes messages tout de suite, et je m'efforcerai de prendre quelques photos, même si je ne suis pas fort de ce côté. Je suis sûr que mes chums en prendront plus que moi, alors j'aurai sûrement quelques bons clichés. J'essaierai aussi de prendre ce qu'il y a de beau, pas seulement du sable et des armes!

J'espère que tout ira bien pour toi et que tu profiteras au maximum de ces moments dans un paradis terrestre! C'est difficile de faire des salutations quand on quitte pour une mission comme celle-ci... Il ne faut pas se conter des menteries, le risque y est.

Alors c'est à la grâce de Dieu que je te dis au revoir, mon amie.

Patrick xx

29 mars 2009

Quoi, caporal ?!

Échanger mes Grenadines contre ton Afghanistan ? Penses-y avant de m'offrir ça ! Moi, je paie mon billet d'avion et ma bouffe, et je dois organiser mes activités... Toi, t'es payé pour ton tout-inclus au Club Med des têtes rasées ! Imagine : tentes de luxe sur le sable chaud, régime santé sport-bouffe équilibré, et que dire de la couleur dune bronzée des uniformes fournis ? Tu y perdrais au change...

Sans blague, elle est de moins en moins comique, cette Afghanistan imprévisible qui fait exploser les semelles massives de nos fantassins, je le sais et je prie aussi pour toi.

Merci de ton amitié délicate et généreuse.

Au retour de tout ça, Patrick Kègle, quand nous reviendrons de Kandahar-Les Grenadines, nous irons boire une bière. Je te le promets, mon ami caporal.

Parce que je sais que tu reviendras.

Roxanne

Kandahar –
Les Grenadines

2009

Kandahar, 4 avril 2009

Salut Roxanne!

Je suis arrivé à Kandahar.

Eh bien, c'est l'Afghanistan, mais c'est encore plus pauvre que Kaboul et la tension est palpable. Ici, on est en territoire taliban. C'est la guerre, contrairement à Kaboul où le danger était surtout les *suicide bombers* (kamikazes). Ici, sur les camps, y a vraiment des attaques à la roquette plusieurs fois par semaine. Le terrain est miné, aussi nous devons inspecter chaque calvette et chaque pont se trouvant sur notre route, sinon c'est fatal...

Dans la capitale, le danger de marcher sur un IED (*improvised explosive device*) était assez minime, car la population n'aurait pas accepté de subir des pertes liées à ces foutues mines artisanales que les talibans fabriquent dans le but de nous tuer. Donc, c'était un peu plus relax que ce qu'on peut rencontrer sur un champ de bataille...

Le travail de mon peloton (qu'on appelle RECON, pour reconnaissance) est d'effectuer des écrans pour empêcher l'ennemi de se sauver durant une avance de nos troupes, de prendre des positions sur des points avantageux (exemple : une montagne) et de recueillir de l'information (une équipe est formée pour prendre des photos et les transmettre par système informatique). Nous devons aussi patrouiller dans des régions éloignées et reconnaître certains objectifs.

Nous disposons maintenant d'équipements tellement sophistiqués que la vocation de mon peloton a quelque peu changé. Nous utilisons les avions de chasse et les drones, mais nous avons tellement peur des dommages collatéraux et de tuer des civils que notre travail est de confirmer les infos pour être sûrs.

Le danger des RECON, c'est que nous sommes très peu sur le terrain et très vulnérables.

Bon, je dois partir, je reprends plus tard.

Profite du printemps du Québec avant ton départ pour le Sud !

Pat xx

Joliette, 12 avril 2009

Salut RECON,

Ça fait qu'au lieu d'aller marcher sur les mines, tu attends que les roquettes te tombent sur la tête ? Tes conditions de travail s'améliorent, on dirait...

Mollo, ce matin. Il pleut. Le chat est installé dans la fenêtre. Ornithologue, il regarde les oiseaux grappiller des grenailles dans la mangeoire.

C'est étrange de recevoir de nouveau des nouvelles du front afghan. D'avoir des nouvelles du désert venteux et des champs d'opium.

Tu m'as expliqué ton rôle, mais je ne comprends pas très bien la mission de l'armée canadienne à Kandahar. À Kaboul, vous protégiez les humanitaires qui venaient faire de la reconstruction et offrir des soins de santé. À Kandahar, vous faites quoi ? Vous formez une armée de transition, je pense. Mais pourquoi la former en plein cœur du territoire taliban ? Autre chose : tu parles d'avancer sur le territoire et de prendre des positions. Tu vas donc combattre davantage qu'à Kaboul, non ?

Tu m'expliqueras, quand tu auras un moment.

Je pars dans quelques jours pour le Sud, reposer mes tendinites, emmêler ma tignasse dans le vent du large et culpabiliser d'être aussi insouciante en te lisant... Je t'écrirai dès que je le pourrai, promis.

Courage, homme d'armes ! Et sois prudent.

Roxanne

20 avril 2009

Salut Roxanne,

Pour répondre à ta question, la situation ici est différente de celle de Kaboul. À Kaboul, nous n'avons pas eu de situations de combat. J'étais garde du corps. Nous avons été exposés à plusieurs dangers, mais notre but était justement d'éviter toute embuscade ou tout contact avec l'ennemi.

La mission à Kandahar est de protéger la population locale... bref, de patrouiller. Et en patrouillant, à coup sûr on se fait attaquer par des talibans, alors cela devient une mission de combat. Je suis constamment sur la route, donc exposé aux IED et aux tirs de roquettes. Il faut aussi trouver les caches de ces fameux IED, aider la police, l'armée afghane (la formation de l'armée se fait surtout à Kaboul, c'est d'ailleurs la mission que va poursuivre l'armée canadienne dans les années à venir), assurer un soutien médical à la population et la reconstruction du pays (routes, écoles, cliniques).

Il y a eu beaucoup de bienfaits amenés par l'armée. Faut faire confiance aux soldats sur le terrain et à leur bonne volonté – pas juste voir les conspirations américaines et celles des multinationales avec le pétrole, même si on se doute que ça existe! Il y a des gens qui n'ont rien et on leur apporte un peu d'espoir.

Pour nous, tout va bien.

Comme tu sais, je fais partie du peloton de reconnaissance (RECON). Nous sommes des patrouilleurs, alors notre tâche est d'être les yeux du bataillon, de rapporter des informations sans se faire repérer. C'est dangereux, car nous sommes près de l'ennemi et peu nombreux pour faire face au danger s'il y a lieu. Nous les RECON, sommes les kamikazes de l'armée!

Hier, nous avons trouvé un objet suspect: ce n'était pas un explosif, mais il était en préparation. L'équipe d'ingénieurs l'a fait exploser par prudence. Mon chum Doum, qui est sniper, et moi, on a aussi trouvé une position de tir fortifiée en préparation pour une éventuelle embuscade ennemie. Nous étions contents, c'est une belle découverte.

La mission d'aujourd'hui consistait à recueillir de l'information dans un village voisin de celui où a eu lieu le dernier attentat qui a tué la jeune Karine Blais. Ce village est situé au bord de la rivière Arghandab, au nord de Kandahar. C'est une région où l'agriculture est bonne, où les gens sont plutôt bien nourris. Le paysage est assez beau. Ça ressemble aux rives du Nil, genre d'oasis où poussent les arbres fruitiers, le blé et, bien entendu, le pavot (opium). Ces champs d'opium si dévastateurs sont pourtant si jolis à regarder...

Mais ici, pavot = talibans.

Mon collègue et moi avons pris position sur le point avantageux du village (en hauteur), question de sécuriser la rencontre qui avait lieu entre notre officier et le *village elder* (chef de village).

Première constatation : beaucoup d'enfants et d'adolescents, alors danger minime. Deuxième constatation : hommes en âge de combattre presque inexistants (nous en avons vu une vingtaine cachés dans la mosquée). Autres constatations : aucune présence féminine (ni même de burqa) et beaucoup de contradictions dans les paroles de l'*elder*. Alors, possibilité de village insurgé, c'est-à-dire abritant des talibans... Ce sont des suppositions, bien sûr, mais nos constatations et notre feeling sur le terrain, c'est souvent ce qui nous sauve la vie.

Dans la région où je suis présentement, c'est la corruption, le crime et les IED qui dominent. Plus au sud, où sont situées les compagnies d'infanterie, c'est le combat. Nous devrions les rejoindre dans quelques mois.

Nous sommes de retour d'une petite mission.

Tout s'est bien passé, mais ici, il faut oublier le facteur temps. Dans ce pays, ce qui nous prendrait normalement dix minutes de route nous prend quatre heures... Il faut inspecter toutes les calvettes propices aux IED, car une négligence, et...

Je peux te dire que ce sont des journées stressantes, où la mort nous guette. On doit avoir confiance, entre chums. Nous demeurons prudents, contrairement à d'autres organisations qui n'apprennent pas de leurs erreurs.

Sinon, à part les missions, je m'entraîne un peu, mais le travail et la chaleur font qu'on ne peut pas s'entraîner trop... Lors des sorties, mon équipement personnel pèse au moins cent livres, sans compter que, souvent, nous devons traîner un sac à dos d'au moins cinquante livres. À la fin d'une journée, on a perdu plus de dix livres d'eau et la fatigue se fait sentir.

J'ai déjà hâte de revoir ma femme et ma famille, mais le moral est bon, alors on continue.

Tu me donneras des nouvelles de ton voyage pour me faire rêver à autre chose qu'à la guerre.

Patrick

Grenadines, 21 avril 2009

Salut RECON Kègle !

Rapport de mission en mer.

Je suis arrivée à Saint-Vincent il y a quatre jours, après une journée d'avion, et me suis installée de nuit sur le voilier *L'Unique*. Avec la propriétaire (et skipper) Diane, nous avons traversé hier vers Bequia, une petite île des Grenadines, où nous nous sommes ancrées pour deux jours.

Ici aussi, il faut oublier le facteur temps. En voile, nous avançons à une vitesse moyenne de cinq nœuds (9 km/h). Quand nous sommes au portant (vent dans le dos), nous ne sentons aucune brise. Le soleil plombe sur la mer et nous brûle. Mon équipement personnel pèse environ une demi-livre de tissu et deux livres de sandales. À cela, il faut ajouter pas mal de crème solaire, du rhum et un peu d'eau potable...

Sur le terrain (comme on dit), c'est pas aussi facile que certains pourraient le croire. Y a un *swell* du nord qui s'entête. C'est une houle, mais une houle impressionnante ! On monte, on descend, on roule de gauche à droite, sans arrêt, même à l'ancre. Le jour, faut tenir le café en équilibre, ramasser les oignons qui roulent sur le comptoir, faire la cuisine dans les montagnes russes. La nuit, dans ma cabine arrière, je dors de travers, la tête coincée d'un bord, les pieds de l'autre... Comme dans un berceau d'enfant secoué par une gardienne hystérique... sur les *speeds*!

Mais c'est beau. Vraiment.

Entre deux vagues, on a rencontré des Québécois. Trois voiliers de bonnes gens purs, durs et incroyablement accueillants qui nous ont invitées, dès le premier soir, au mariage de Mélanie et de Rohan sur la plage. C'était magique.

Dans ta lettre, tu me parles de la saison du pavot. Ma nouvelle amie Mélanie (une fille hyper charmante) m'a raconté qu'elle était allée porter les cendres de sa sœur sur une petite île, au printemps passé. Sa sœur est morte à vingt-deux ans d'une overdose de cocaïne. Mélanie dit : « Tu sais, y a encore des jeunes qui meurent de ça », sourit et nous sert un verre de jus de pamplemousse fraîchement pressé.

Je mène une vie extraordinaire, Pat, mais j'avoue qu'il y a des jours où j'ai mal au monde. Je ne comprends pas pourquoi on se drogue à ce point-là. Pourquoi on se tue, pourquoi on assassine un autre peuple.

Demain, nous partirons (les quatre voiliers) pour les Tobago Cays – des îlots minuscules où j'aurai pas accès à internet. J'aimerais beaucoup, pendant mon absence, que tu résistes à cette envie folle d'aller te promener dans les champs de mines, OK ? Je sais que c'est une vieille habitude pas facile à perdre, mais je suis sûre que tu peux y arriver.

Ça sent l'air marin. Mes cheveux frisent, incontrôlables. Autour, les éclats joyeux des jolies Noires aux robes colorées explosent. C'est euphorique dans la petite salle d'ordis.

Je pense à toi, RECON Kègle, ami du lointain. J'ai mal au monde, mais je ne perds pas espoir. Je souhaite que ta mission n'amène pas que la guerre dans ces villages désolés dont tu me parles et que la paix sera possible.

Roxanne

Kandahar, 22 au 23 avril 2009

Salut Roxanne,

C'est toute une aventure que tu vis! Je t'envie un peu: la mer, le rhum... Je changerais volontiers de place avec toi. Ici, c'est l'opposé: pas d'eau et pas d'alcool. Ton courriel m'a fait du bien. J'ai fermé les yeux et me suis permis de rêver d'eau turquoise et de brise saline... Par contre, je ne supporterais sûrement pas la houle aussi bien que toi. Je suis un gars de terrain!

Ma dernière mission consistait à patrouiller dans trois villages présumés sympathisants des talibans pour recueillir de l'information et mettre à jour les renseignements sur la région. La patrouille s'est bien déroulée.

Des membres de l'ANP (Afghan National Police) étaient présents pour fouiller les cours des maisons. L'ANP n'est pas très bien entraînée, les policiers laissent à désirer: ils sont souvent drogués et font régulièrement affaire avec les talibans, alors nous devons être vigilants, même en leur présence.

J'ai été un de ceux qui fouillaient les cours (*compounds*) avec eux. Même si je suis déjà venu à Kaboul en 2004, ça reste un choc culturel, pire que dans la capitale. Ici, la région est exclusivement pachtoune et la vie est beaucoup plus difficile qu'à Kaboul. Dans ces *compounds*, les femmes, séparées des hommes, sont entassées sous un petit abri qui les protègent du soleil. C'est un retour dans le temps de plus de mille ans. Ici, tout est récupéré et peut servir à fabriquer quelque chose. Les excréments servent de combustibles, les gens font des paniers avec des branches de vigne...

Nous n'avons rien trouvé d'anormal et les villageois des deux premiers villages étaient quand même assez bien, compte tenu des circonstances. Dans le troisième village (un peu plus hostile), on sentait quelque peu le mépris envers la FIAS (c'est la force de l'OTAN pour l'Afghanistan, qui porte le nom de Force internationale d'assistance à la sécurité). L'ONU y a construit une grosse école, mais la population du village refuse toujours de l'utiliser, peut-être par peur de représailles de la part des talibans.

Le soir, nous avons installé un poste de contrôle des véhicules. Ce fut une longue journée de travail, plus de vingt-quatre heures, avec cent livres sur le dos, quelque sept kilomètres de marche et une nuit blanche...

Sur les lieux, le travail a commencé rapidement et s'est poursuivi sans répit. C'est tout un stress de devoir contrôler et fouiller des véhicules dans une région du monde aussi hostile. Nous avons fait quatre prisonniers et confisqué un camion. Ces individus ont été déclarés positifs au test d'explosifs : c'étaient des fabricants d'IED, ces bombes qui servent à nous tuer. C'est une belle prise, nous espérons que nous en saurons davantage sur de possibles caches d'IED. Tout au long de la fouille, nous avons vu des gens bizarres, sûrement des talibans, mais sans preuve concrète, on ne peut les arrêter.

Ce poste de contrôle a duré toute la nuit – selon mon avis personnel et celui de mes chums, c'était beaucoup trop long. Oui, nous avons fait une belle prise, mais la durée aurait pu jouer contre nous, ils auraient pu nous envoyer un *suicide bomber*.

Moi, je travaillais aux extrémités, c'est là que se font sauter les kamikazes. Je peux te dire qu'à la fin de cette nuit, j'étais fatigué, brûlé... La peur était présente, je me suis mis des scénarios pas possibles en tête! Faut en rire, sinon on ne peut pas survivre. On ne doit pas reproduire un poste de contrôle deux fois, sinon ils frapperont à coup sûr.

De retour au camp, nous avons appris la mort d'un autre soldat canadien. C'était la désolation, car ici, nous recevons les informations au compte-gouttes. Nous pensions que c'était un tir de roquette, mais il s'agirait d'un suicide. C'est triste, mais au moins, pour nous, ce n'est pas une mort liée au combat.

Nous partirons bientôt en mission, mais dans une région éloignée. Nous y resterons plusieurs jours. Je peux te dire qu'on ne fait pas ce travail pour ces quelques milliers de dollars. Ici, on le fait pour les chums, parce que c'est notre tour.

Je suis content, Roxanne, que tu prennes le temps de m'écrire. Te lire me permet de m'évader quelques instants. Ces images de palmiers et de mariage sur la plage me rappellent combien la vie peut être belle.

Je te promets de faire attention aux mines, même si, à chaque sortie hors du camp, les risques sont présents. Je veux revoir mes enfants, alors la vigilance est de mise.

Merci,

Pat xx RECON!

Bequia, 30 avril 2009

Salut RECON !

J'arrive des Tobago Cays, où j'ai plongé en apnée. J'ai vu des raies, belles et paisibles, qui nageaient, comme des papillons marins, planant contre le sable. Depuis la beauté bleue de la mer, je me tourne vers les dunes ensablées de l'Afghanistan...

Pat, mon ami, j'ai toutes ces images splendides qui se gravent à l'envers de mes pupilles, mais... mais des fois, je me demande si c'est vraiment ça le bonheur. Je lis ta lettre de guerrier, et bizarrement, elle me fait beaucoup de bien.

Ça fait maintenant plus de quatre ans que je suis célibataire et que dure mon errance sous les étoiles. Or, même en traversant ces contrées superbes, je m'aperçois que quelque chose me manque. Le réconfort, peut-être. Peut-être que le mariage de Mélanie et Rohan m'a attendrie, peut-être que l'éloignement accentue ma fragilité, je ne sais pas. La vérité, c'est que je me sens un peu seule.

Quand j'étais aux Tobago Cays, j'ai même eu de sérieux coups de cafard. Le soir, quand chacun regagnait son voilier, ses quartiers, je me retrouvais sans possibilité de communication. J'étais libre, j'avais choisi d'être là et tout était magnifique, mais un sentiment d'isolement me nouait la gorge.

Je repense à ça en lisant ta lettre. C'est fou, quand même : toi, tu ris des scénarios que tu te fais dans de vraies zones de danger, et moi, j'angoisse pour rien dans un lieu de rêve ! C'est incroyable, les guerres qu'on se crée en soi, qui nous ravagent et nous suicident, tu ne trouves pas ?

Ta dernière lettre est pleine de stress, d'IED et de fatigue, mais elle me réchauffe le cœur, car elle me rappelle qu'il y a des amitiés (inattendues, improbables) qui nous arrivent sans qu'on ait rien demandé et que, grâce à elles, nous sommes réconfortés dans nos pires solitudes.

Quand je vide ma tête de ça, des horreurs du monde, mais surtout des miennes (nervosité, soucis, doutes), tu sais ce qu'il me reste ? La tendresse de ma mère, la bonté courageuse de mon père, les rires de mes frères et belles-sœurs, de mes neveux, nièces, filleuls. Le réconfort de mes amis. Voilà ce qui m'habite vraiment. Grâce à eux – grâce à toi, mon ami guerrier –, je ne suis jamais seule. Nulle part.

Tu ne l'es pas non plus, RECON. L'amour des tiens te protège, c'est certain, toi qui rêves, sous tes quatre cent cinquante-huit livres d'explosifs, de sauver les femmes et les enfants d'abord, le reste de l'humanité ensuite.

Merci d'être là.

Roxanne

FOB Wilson, 9 mai 2009

Salut Roxanne,

Ici, le décor est un peu différent de l'image paradisiaque que je me fais de ton aventure, mais il y a quand même des liens entre ma mission et ton voyage : la solitude, la camaraderie, l'incertitude... Merci de me confier tout ce que tu vis. Ça me touche. Te raconter mes missions et lire tes histoires de voyage me réconforte, comme tu dis.

Voici quelques nouvelles de ma mission. Nous avons effectué plusieurs patrouilles, depuis mon dernier courriel, dans des secteurs éloignés, sans confort ni internet... Pas de douche, pas de réfrigérateur, des rations et de l'eau tiède, ce n'est pas très rafraîchissant.

Les patrouilles se sont bien déroulées, à part quelques petits incidents mineurs.

Pendant une des patrouilles, nous devions reconnaître un pont qui traverse la rivière Arghandab, à la frontière de ce qu'on appelle le *green belt* (région où commence la violence). J'avais comme tâche de traverser le pont et d'en estimer la longueur. Au milieu du pont, une rafale de balles s'est fait entendre. Les coups étaient tirés à plus de six cents mètres, alors pas trop de danger. J'ai quand même traversé le pont et fait mon boulot. Après coup, je me suis dit qu'il fallait être un peu fou… surtout que j'étais une belle cible au beau milieu d'un pont ! Mais ici, ça devient banal comme situation.

Après ces missions, nous sommes retournés au campement Frontenac pour redéménager quelques jours au camp international (le KAF, Kandahar Air Field). Nous avons eu seulement deux jours pour reprendre possession de nos véhicules blindés, de vraies poubelles… Ils datent de la guerre du Viêt Nam. Ce sont des véhicules à chenilles, alors il y a beaucoup d'entretien à faire. Au moins, ils ont l'avantage d'être résistants aux IED.

Nous avons eu pour tâche de nous rendre à Masum Ghar, une FOB située à une heure du KAF, pour partir en patrouille avec le général des Forces armées canadiennes. Nous savions que les véhicules n'étaient pas prêts à rouler, faute de temps pour effectuer une bonne maintenance. En plein centre-ville de Kandahar, un de nos véhicules s'est détraqué. Il a percuté un rempart de béton (tout un accident !), mais on a été chanceux : pas de blessés. Si le véhicule avait pris l'autre direction, on aurait tué et blessé beaucoup de personnes (les rues de Kandahar sont bondées de monde, une population de plus d'un million d'habitants). Ce fut une journée épuisante, car nous avons créé un bouchon de circulation incroyable et attiré des centaines d'Afghans senteux… Il a fallu réparer le tout et assurer notre protection sur une durée de quatre heures.

Enfin, arrivés à Masum Ghar, nous avons effectué la patrouille avec le *big boss* de l'armée. Tout s'est bien déroulé, nous ne sommes pas allés trop loin du camp, question de sécurité. Le lendemain, on assurait la protection du boss pendant sa visite de la seule école du district de Zhari-Panjwai, où le Canada a investi de l'argent. Tout s'est bien passé.

La journée suivante, nous avons dû déménager sur la FOB Wilson où le commandant a décidé de nous utiliser en permanence, car l'effort de la mission, pour l'instant, se concentrera ici. Sur cette FOB, pas besoin d'aller loin pour trouver un contact, nous sommes en secteur taliban ; dès qu'on sort, on se fait attaquer ! Bientôt, la récolte d'opium sera terminée et ce sera le temps de la guerre, alors la violence augmentera. Ici, je connais beaucoup de monde. Je suis content, on est quand même bien. Je suis fatigué d'être continuellement dans mes bagages, alors si on a un petit chez-nous ici, ce sera bienvenue.

Pour ma part, ça va, mais je dois essayer de rester positif, car, des fois, on a de la misère... Sur le chemin pour venir à Wilson, nous devions inspecter la route à deux endroits, car les ingénieurs soupçonnaient peut-être la présence d'une bombe sous la route, dans une calvette. Mais nous n'avons pas arrêté. Ça ne doit plus se reproduire. Nous avons été chanceux. Je peux te dire que, le soir, quand on s'est parlé avec les gars, on a eu peur. On a réussi à faire des jokes là-dessus, mais c'est du gros stress dans une vie, crois-moi ! J'ai retenu ma respiration souvent et j'ai prié en espérant que tout se place.

Je m'entraîne pas mal, mais, avec les marches (plus de soixante-dix kilomètres de patrouille depuis un mois) et la chaleur (le thermomètre s'élève déjà à plus de 40 °C et, cet été, ça ira jusqu'à 50 °C), la masse musculaire ne fond pas. Sous mes quatre cent cinquante-huit livres d'explosifs, comme tu dis, j'ai toujours des gros bras et un cœur d'homme. Je suis content que tu sois là. Ma famille me manque, mais tu as raison : l'amitié nous garde confiants.

Alors, si une journée t'as les blues ou que tu t'ennuies, pense aux soldats, ici, qui gardent l'espoir et qui trouvent le moyen de rire en pleine nuit, même entourés de talibans !

Prends soin de toi, Roxanne. Tu es si gentille que, quand tu voudras, tu trouveras vite un amoureux. Je t'écris plus tard pour te raconter d'autres missions, en espérant de bons résultats et de la sécurité.

Patrick

Bequia, 12 mai 2009

Caporal,

Tu as découvert le nouveau sport extrême offert par VVA (Voyages Vacances Afghanistan) : faire monter son adrénaline en allant se flanquer à six cents mètres des tirs ennemis ? Excitant. La prochaine fois, ce sera quoi ? À vingt mètres, sans gilet pare-balles ? Habillé en rouge ? Est-ce du calme... ou de l'insouciance ?

Je sais pas si t'es rendu un peu fou, comme tu dis, mais tu oublies un peu, en écrivant, que je ne suis pas sur le terrain, caporal, et qu'il faut me traduire une ou deux petites choses à l'occasion. Par exemple : c'est quoi, une FOB ?

J'ai dernièrement subi une violente attaque de fièvre. Heureusement, j'étais à terre, chez Mélanie et Rohan. Tu vas trouver ça bizarre, mais... grâce à ces quarante-huit heures où je suis restée couchée et tremblante au fond de ce nulle part insulaire, j'ai retrouvé cette confiance en l'humanité qu'il m'arrive parfois de perdre. Tout le temps que j'étais malade, Mélanie et sa cousine Julie, les deux « coucous », m'ont veillée. Du fond de mon lit, sous la moustiquaire fiévreuse où je mijotais mes sueurs froides, je les entendais se consulter sur ma médication, tout mettre en œuvre pour me guérir. Et je me rendormais dans ce filet de sécurité qu'elles tissaient sous mon corps et grâce auquel elles m'ont remise sur pied. Mes sœurs d'armes.

Je pense à la solidarité de tes « frères d'armes ». Exceptionnelle, sûrement. D'ailleurs, tu parles tout le temps de « frères ». Est-ce qu'il y a des femmes dans ton bataillon? L'Afghanistan n'est pas une terre très accueillante pour les « sœurs d'armes », me semble...

Tranquille, ce matin. À l'ancre. D'habitude, le vent oriente les bateaux dans la même direction, mais l'immobilité de l'air fait tourner les voiliers dans tous les sens, ce qui donne l'illusion d'être au milieu d'un jeu d'enfant dont les pièces se seraient dispersées aux quatre coins de la chambre. Des mains de géants, tantôt, nous ramasseront et nous rangeront dans le grand coffre de bois de la nuit, avec les lions, les girafes en plastique, les ours en peluche, les faux fusils et les morceaux de Lego éparpillés. Ils nous rangeront tous, peu importe notre couleur, notre langue, notre religion, dans le même coffre à jouets. Étrange d'y penser, non? Ton Afghanistan en guerre, ces Antilles bercées par la mer et notre Québec printanier : tout le monde dans le même coffre. Hop!

Parlant du Québec, je rentre dans quelques jours. Le printemps aura fondu et les tulipes seront sorties, ma famille m'accueillera et je pourrai trouver refuge dans ces bras tendres qui me réconfortent quand la terre tourne trop vite.

Fin du voyage dans les Grenadines, donc. Je profite avec plaisir des derniers jours de soleil. D'ailleurs, j'ai pensé à toi, tantôt : t'aurais dû mieux choisir ton agence de voyages parce qu'ici il nous arrive de nous acheter de la glace pour garder notre eau plus froide. On a même des glacières !

Dès que j'ai les pieds dans le gazon nordique, je t'écris. D'ici là, soyez prudents, toi et ta gang de 22 – surtout avec le matériel de l'armée canadienne !

Roxanne

Sanjaray, 15-18 mai 2009

Salut Roxanne,

Tu es chanceuse d'avoir des amis sur tes îles! J'aimerais échanger avec la population afghane, prendre le thé sur le bord de l'Arghandab, comprendre davantage ce peuple. Mais c'est impossible, trop dangereux. À Kaboul, c'était plus facile. Malgré les différences, les gens y sont plus éduqués et plus ouverts. Ici, ce sont les lois tribales et un code d'honneur spécifique qui dirigent la population. Des mollahs analphabètes contrôlent le peuple sans tolérance. Il n'y a pas beaucoup d'échanges culturels et ça me manque.

Sinon, lorsqu'il fait plus de 40 °C sur le terrain, on apporte de la glace et une glacière, bien sûr, mais après une journée, tout est fondu et tout ce qui était frais est bu. L'eau embouteillée (tablette) devient aussi chaude qu'un thé... Il nous arrive parfois d'accrocher quelques bouteilles d'eau ensemble et de les lancer dans des *wadi* (canaux d'irrigation), c'est mieux que de les laisser au soleil. Plutôt que de dire: « Une 'tite frette, mon Pat? », on demande: « Une 'tite tiède, mon homme? »

Alors, je te raconte ma dernière mission.

Mission de brigade, trois compagnies d'infanterie, le peloton de reconnaissance, des *snipers* déployés sur OP, l'artillerie, l'appui aérien, une compagnie d'infanterie américaine et l'armée afghane. (OP, c'est un poste d'observation. Dans le cas du RECON, ce sont des OP improvisés cachés sur une montagne, dans une hutte où on sèche le raisin, etc.)

Voici un bref résumé de cette opération majeure, la première de la mission.

Elle consistait à faire une avance démontée (à pied) sur le village de Sanjaray, dans le district de Zhari-Panjwai (région la plus talibane de l'Afghanistan). L'opération s'est échelonnée sur quatre jours et a été fructueuse. Résultat : deux talibans tués, dix emprisonnés, des caches d'armes perquisitionnées et des armes de gros calibre saisies, ainsi que de l'équipement destiné à fabriquer des IED.

Pour ce qui est de mon peloton, nous avions la tâche de bloquer une voie de sortie propice pour les talibans qui essaieraient de se sauver et de fouiller tout villageois passant par notre barrage. Des postes d'observation ont été placés sur des sommets de montagnes afin de couvrir tout le terrain. Nous avons aussi effectué quelques patrouilles pour confirmer qu'aucun taliban ne se cachait. Tout s'est bien déroulé et aucun insurgé n'a tenté de se sauver. Nous avons constaté que la population du village était favorable à notre présence.

Le plus difficile de cette mission était, comme toujours, la chaleur accablante (au soleil, 50 °C).

Pour ces missions, il faut avoir un bon moral, car c'est beaucoup d'attente et d'incertitude.

Nous sommes enfin revenus à la FOB (*forward operation base*, ou en français : base d'opérations avancée, mais, dans le langage militaire, on utilise FOB, c'est international). Nous allons en profiter pour faire l'entretien sur nos véhicules et nous préparer pour une prochaine mission. Une bonne nuit sur un lit de camp ! C'est toujours mieux que par terre... Et surtout, l'air conditionné de la tente et de la bonne eau froide !

Il y a beaucoup de femmes qui servent en Afghanistan. C'est sûr que, dans l'infanterie, les effectifs féminins sont moins nombreux que dans le corps médical, par exemple. L'infanterie, c'est un métier de misère et de souffrance.

À Kaboul, il n'y avait pas de femmes dans l'équipe du général, mais son aide de camp en était une. Elle était notre supérieure. À l'époque, elle avait le grade de capitaine, alors aujourd'hui elle est sûrement major, et je ne serais pas surpris de la voir un jour colonel tellement elle était efficace. Sérieux, la capitaine Harvey, c'était une vraie. Avec elle, on avait l'heure juste. Et je suis fier d'avoir eu la chance de travailler avec elle.

Karine Blais, qui est morte sur le champ de bataille, n'était pas au Royal 22e Régiment, mais au 12e Régiment blindé du Canada, une unité de chars d'assaut. Sur le terrain, il n'y a pas de discrimination. Tout le monde met sa vie en jeu. On forme une équipe.

Il n'y a pas de femmes au peloton de reconnaissance, mais on en verra sûrement un jour.

Quand tu dis, Roxanne, que nous sommes tous dans le même coffre… Je ne veux pas que tu penses que je suis raciste. J'ai des copains musulmans. Ce qui me fâche, ce sont ces talibans qui, pour la plupart, ne savent pas lire et qui deviennent mollahs. Ils abusent de la naïveté des gens. En plus, ils se donnent le droit de marier des petites filles de dix ans! Je me suis fait dire que c'était leur culture, leurs coutumes, qu'il fallait respecter ça, ce genre de commentaires. Mais quand on patrouille dans une rue de la ville et qu'on entend une petite fille crier parce qu'elle se fait violer, on a envie de faire quelque chose. Pas parce que l'homme est musulman, mais parce qu'il est en train de violer une petite fille! C'est pour ça que je me bats, pour que les enfants d'ici aient de l'espoir!

Alors, je te dis à la prochaine. Ici, on garde le moral. Les gars sont bons. On a du fun malgré tout. On doit être un peu débiles, mais, au moins, on le sait, c'est moins pire!

Fais attention à toi, Roxanne. Envoie-moi des nouvelles de ton retour au Québec, chanceuse!

Pat

24 mai 2009

Allô RECON Kègle,

Ça paraît quand ton moral est bon! J'aime ça!

Désolée si j'ai laissé entendre que tu étais raciste – c'était une maladresse d'écriture plus qu'un jugement, car je te crois trop grand cœur pour ça. Ce que tu me dis sur les petites filles me le prouve, mais on dirait, en même temps, que vous ne pouvez rien y changer...

Suis rentrée chez moi depuis trois jours. Un peu étourdie. Les retards d'avions ont fait que j'ai manqué plusieurs correspondances et que j'ai pu passer deux jours à Puerto Rico, dans la magnifique ville de San Juan, tous frais payés par la compagnie aérienne. Deux jours solitaires à errer dans les rues pleines de musiques, de lumières, de gaîté chaude... C'était bon.

Puis, retour en Amérique du Nord.

Je constate malgré moi à quel point j'ai pris le rythme nonchalant du Sud.

Je reviens ici le corps chargé de soleil, les pupilles explosées de couleurs, la tête pleine de souvenirs inouïs. De la lumière plein la peau. Je voudrais entendre encore la musique de la nuit qui se mêle au brouhaha des rues de Puerto Rico;

la garder contre moi longtemps. Mais c'est pas facile.

Ici, il y a les courses qu'il faut faire, entre les voitures fâchées, les bousculades à la caisse, l'abondance criarde sous les néons, les nouvelles trop sensationnelles, les gouvernements trop sarcastiques... Cris, colère, brusquerie... Parfois, le monde me déconcerte.

Je sais qu'il me faudra bientôt revenir au réel, mais je me cache un peu dans mon sous-sol, afin de préserver ce silence qui s'était fait en moi et dans lequel je peux encore entendre mon cœur chanter.

Dans la paix de ma maison, je relis tes lettres. Depuis le début de cette mission à Kandahar, je lis, dans tes lettres, beaucoup de stress. Tu décris ce qui se passe de façon très mécanique – ça me donne l'impression de regarder un jeu vidéo. Autant j'ai pris le rythme musical du Sud, autant je remarque que tu prends le rythme dur du champ de bataille. C'est mieux ainsi, j'en suis sûre, mais je me demande comment tu feras pour revenir...

Quand tu m'écris que, devant tous les dangers, vous gardez le moral et l'humour, ça m'impressionne.

Lâche pas, RECON ! Sois prudent.

                                                       Roxanne xx

FOB Wilson, 30 mai 2009

Salut Roxanne,

Depuis la dernière mission de Sanjaray, plusieurs jours se sont écoulés, et il y a eu beaucoup d'entretien et de réparations sur nos véhicules mal en point. Nous avons passé cinq jours au KAF, le camp de base de la FIAS. Nous avons préparé deux missions qui ont été annulées faute de soutien logistique. Beaucoup de travail pour rien, mais il faut comprendre que l'armée canadienne est essoufflée; les hommes sont courageux, mais le manque d'équipement ralentit le tempo.

Le 28 mai, nous avons préparé nos véhicules en prévision d'une patrouille de renseignement dans un village où se serait trouvé un des chefs talibans. Comme la fiabilité de nos véhicules est excellente (!), au moment du départ, deux d'entre eux n'ont pu sortir, car la tension des chenilles a lâché. Nous avons réussi à trouver un véhicule de remplacement, mais avons dû reporter de quelques heures notre départ. Le problème, avec les retards, c'est la noirceur. Le danger, c'est les mines, car nous ne pouvons les repérer dans l'obscurité (même de jour c'est difficile, alors la nuit...).

La patrouille s'est bien déroulée et les renseignements ont été positifs. Nous avons vu beaucoup d'hommes en âge de combattre, il y avait sûrement quelques insurgés, alors la vigilance était de mise. Comme je le répète souvent, quand on entre dans un village, c'est toujours un choc de cultures. La façon de vivre si archaïque et la répression des femmes sont partout. Tout est basé sur la religion et le *pachtounwali* (loi tribale basée sur l'honneur). À tout moment, nous aurions pu tomber dans une embuscade, mais tout s'est déroulé dans le calme.

La patrouille terminée, nous sommes retournés aux véhicules. Le jour était déjà tombé, le retour à la FOB s'est fait dans la noirceur. Comme je l'ai dit, il n'y a rien d'avantageux à rouler la nuit.

Pour le retour, notre convoi était formé de six véhicules et j'étais à bord du dernier. Après quelques minutes de route, mon véhicule a roulé sur une mine ou un IED (probablement posé là pendant notre patrouille dans le village).

Une détonation plus forte que le tonnerre s'est fait entendre. J'ai reçu comme un puissant coup de poing et la poussière a envahi l'habitacle. Nous étions secoués... Mais Dieu a été avec nous! Personne n'a été blessé; nous avons eu peur pour le conducteur qui a été mis K.O. quelques secondes, mais rien de grave. Nous sommes demeurés calmes, car souvent, après l'explosion, les insurgés attaquent en embuscade. Cette fois-ci, rien n'a été signalé de ce côté.

Les autres collègues ont eu vraiment peur pour nous, car ils ont senti la force de l'explosion et vu cette immense boule de feu. À ce moment, les procédures pour obtenir de l'aide se sont enclenchées mais, ce soir-là, l'équipe d'intervention rapide chargée de venir en renfort était déjà dépêchée sur les lieux d'un autre incident, plus au nord. Personne n'a voulu nous venir en aide avant les premières lueurs du lendemain.

Nous étions une vingtaine d'hommes pris sur le terrain, sans renfort, à surveiller le véhicule explosé. L'explosion avait causé beaucoup de dommages (la roue a été complètement arrachée, la transmission et le moteur, brisés). Immobiles en plein milieu d'un terrain désertique, nous devenions une cible de choix. Mes collègues du RECON et moi, nous nous sommes sentis abandonnés par notre propre armée, mais nous avons décidé de nous sortir seuls de ce pétrin. Nous avons pris deux véhicules blindés pour nous remorquer. Ce fut une tâche difficile, car les câbles d'acier ne tenaient pas le coup. Heureusement, la compétence de notre équipe a pris le dessus et nous avons trouvé le moyen de nous sortir de cet enfer. Nous avons réussi nous-mêmes à remorquer ce poids lourd jusqu'à un poste de police afghan où nous avons dormi deux heures, le temps que la lumière du jour apparaisse.

Ce n'est qu'un bref résumé de cette patrouille. Nous avons vécu un mauvais moment, c'est difficile à expliquer. Nous allons devoir, malgré cela, continuer à faire notre travail. J'ai le dos et le cou un peu endoloris, mais ça devrait passer.

Merci pour ton soutien! Crois-moi, ici, y a des gars qui représentent la force de notre peuple.

Je compte les jours avant mes vacances qui arrivent bientôt, mais je devrai malgré cela retourner sur le terrain. On réussit quand même à rire de cette situation, même si on sait pertinemment qu'on aurait pu y passer ou être blessés gravement. Avant mon départ, mon oncle Gilles m'a dit que je sortirais sans égratignures de cette mission. Beaucoup de gens prient aussi pour moi, toutes des personnes de cœur: ma famille, mes amis; ma mère et mes ancêtres veillent sur moi, alors je me sens protégé.

Difficile de ne pas croire en Dieu quand on vit la guerre.

Patrick

Joliette, 30 mai 2009

Pat ?!

Est-ce que j'ai lu que ton blindé a roulé sur une mine ?

Je veux dire : tu as roulé sur une mine ?!

Et si j'ai bien lu, tes chums et toi riez de ça ? Ma foi du bon Dieu ! Es-tu sûr que tu vas bien ? T'es pas blessé ? Et tu continues ? Tu feras la mission jusqu'à la fin ?

Inquiète je suis.

Roxanne

13 juin 2009

Salut Roxanne,

Après cet incident ? Le surlendemain, on était déjà sur la route !

J'ai été chanceux, puisque je n'ai effectué qu'une mission. Comme j'ai été un peu brassé dans l'explosion de mon véhicule (douleurs à l'épaule droite et aux oreilles), plutôt que de faire une patrouille à pied, je suis resté dans le bison (véhicule) afin de m'occuper des communications avec mon signaleur de peloton (Ti-Guy). En gros, ça s'est bien passé, mais cette patrouille ne servait à rien, puisque tout pouvait se faire à partir des airs ou des cartes satellites.

Des accidents comme ça ne devraient pas arriver, mais il y a des hommes qui se croient invincibles et qui mettent notre vie en danger.

Je m'explique : arrivés sur les lieux d'une patrouille, nous devons effectuer ce qu'on appelle un 5/20 (on s'assure qu'il n'y a pas de mines dans un rayon de cinq mètres autour du *truck*, ensuite on vérifie jusqu'à vingt mètres). De nuit, c'est difficile, car on doit le faire avec des NVG (*night-vision goggles*, des lunettes de vision nocturne). Une nuit, pendant que j'étais en train d'inspecter ma partie, un jeune officier (un gars d'une autre organisation que je ne connais pas) est arrivé à toute vitesse avec son véhicule. Il m'a presque frappé, mais le problème va plus loin : le plus dangereux, dans tout ceci, c'est que, s'il y avait eu une mine, il me tuait et endommageait aussi mon véhicule, risquant de tuer ou de blesser mes chums. Jamais un véhicule ne doit stationner aussi près d'un autre en terrain ennemi. Pour ce jeune officier téméraire, tout semble banal. On l'a averti, mais je crois que c'est bien peu. Il aurait mérité plus que ça, mais je me passe de commentaires.

Après l'incident, donc, c'est comme si rien ne s'était passé. On continue comme on doit le faire. C'est pas évident, mais c'est la réalité militaire.

Cette nuit, on passe un peu de temps sur le KAF. On fait des quarts de travail à l'hôpital. On assure la sécurité des patients afghans (civils ou militaires).

Il est 4 h 30 du matin, je viens de commencer mon tour de garde. La tâche est simple, je dois surveiller les patients de nationalité afghane. Souvent, des enfants sont soignés ici, alors il faut surveiller et accompagner les parents. Il y a aussi les soldats de l'armée afghane. C'est la première fois que je fais ça, et déjà, je suis déçu. Je m'explique : cette nuit, il n'y a pas beaucoup de patients. La nécessité de demeurer sur place n'est pas justifiée, je pourrais être sur appel.

Ces jours-ci, comme j'ai un peu de temps pour moi, j'en profite pour m'entraîner. Je fais de la boxe avec les gars, ça nous tient en forme. Autrement, quand on est en mission, c'est presque impossible d'aller au gym. On profite de nos journées de congé pour se reposer.

J'en ai assez écrit pour aujourd'hui. J'aurais pu continuer longtemps à parler du tempo de fou de cette mission. L'armée devra recruter, car, si je me fie à ce que j'entends, il y aura beaucoup de démissions et de changements de métier au retour.

Si tu as d'autres questions, vas-y.

J'ai hâte de revoir mon pays, Roxanne. C'est tellement beau chez nous et ça sent bon! Bon, alors je te dis à la prochaine, en espérant ne pas trop t'embêter avec mes histoires... Toi, comment vas-tu? Tu as retrouvé ta famille? Fais attention à toi et profite de la vie. L'été s'en vient, au Québec, ça doit être le paradis!

Patrick

18 juin 2009

Salut RECON !

Tu fais du chichi, mais j'aime mieux te savoir gardien d'hôpital que démineur de ponceaux !

D'ailleurs, je ne devrais pas te dire ça, mais depuis que je lis tes récits de Kandahar, je suis perplexe. Tu me trouveras pas très originale, mais je me pose des questions sur cette mission.

Sur le plan politique, les seigneurs de la guerre ont fait élire Karzaï et semblent rire dans leurs turbans des forces internationales. Sur le plan économique, tant que la culture de l'opium envahira les champs, personne (pas même les paysans !) n'aura intérêt à s'opposer aux talibans. Quel est le plan d'ensemble pour que ça change ? Puisque ce peuple n'est pas en guerre (civile, ethnique, religieuse) ouverte, qui décidera de mettre fin aux « hostilités » ? Quand ? Après l'atteinte de quels objectifs ?

Je me demande, RECON : sauvez-vous l'Afghanistan ? Peut-être que je me trompe, mais vos zones sécurisées ont l'air bien peu sécuritaires et j'ai l'impression que l'armée s'enfonce dans un pays qui ne change pas.

Or, si rien ne change en Afghanistan, est-ce que la mission en vaut la peine ?

Tu vas me dire que tu t'es engagé pour tenter quelque chose. Mais n'es-tu pas, parfois, désillusionné devant tout ça? Ne fait-on pas plus de mal que de bien? Si on blesse plus d'hommes qu'on en sauve, Pat, n'aurions-nous pas aussi un devoir de non-intervention?

Moi, je veux bien que tu sacrifies ta famille et même ta vie à une cause, mais il me semble qu'il faudrait que ça en vaille le coup... Or, te faire exploser sur une mine au milieu d'un désert indifférent me semble vain.

Pardonne-moi de te dire ça. Si ton sacrifice avait du sens et était porteur d'espoir, je t'encouragerais. Mais en ce moment, je n'ai pas envie de te dire: «Courage! Reste dans ce pays immobile où les armes sont cultivées en plein champ parce qu'aucun gouvernement n'ose faire cesser ce trafic lucratif!»

Je suis mêlée en tabarnouche, parce que, maintenant, quand on me demande si je suis pour ou contre l'armée, pour ou contre votre intervention en Afghanistan, je ne sais plus quoi répondre, Pat.

Franchement, caporal, j'ai bien hâte que tu reviennes.

                                                     Roxanne

30 juin 2009

Salut Roxanne,

Le problème avec cette guerre, c'est qu'elle est asymétrique, comme ils disent (façon détournée de faire comprendre qu'elle est sans fin), puisque aucun territoire ne peut être gardé. Je m'explique : l'armée peut mener plusieurs fois des opérations au même endroit à des dates différentes, mais sans garder possession du terrain. Nous n'avons pas un pied à terre en permanence, alors les talibans peuvent poser des engins explosifs improvisés à leur guise. Seules les routes principales ont une surveillance accrue avec tous les systèmes dont nous disposons. Alors, tu as raison : le terrain est toujours dangereux.

Tu sais que je ne raconte pas beaucoup à Chantal ce qui se passe ici. J'ai essayé de ne pas lui dire pour l'explosion, mais d'autres en ont parlé à leurs conjointes, alors, de peur qu'elle puisse l'apprendre par quelqu'un d'autre, j'ai dû l'appeler. J'ai essayé de lui expliquer de façon à dédramatiser la situation... ce qui n'a pas fonctionné du tout !

Quand j'ai raconté à Chantal l'événement, elle s'est mise en colère contre moi. Probablement la peur de se retrouver seule avec les enfants... Je ne peux savoir. Pourtant, c'est une femme forte qui n'a jamais dit un mot contre mon travail ou mes missions. Elle aurait mieux aimé ne pas savoir, mais bon.

Le lendemain, j'ai appelé à la maison et mon fils Benjamin m'a dit que sa mère ne pouvait se réveiller ; il s'occupait de son petit frère Ulrich. J'ai dû appeler le pilier de la famille (mon père), les ambulances... tout ça à des milliers de kilomètres, sans pouvoir rien faire !

Alors, ils me font revenir, car Chantal en a trop sur les épaules. Elle subit un choc nerveux. J'ai toujours fait de mon mieux, mais hélas, rien ne fonctionne... Est-ce mon métier, mes missions ? Dieu seul le sait.

Je quitterai Kandahar le 15 juillet pour Dubaï où je passerai deux jours avant de rentrer au Québec. Je me rendrai en ville pour acheter quelques cadeaux pour Chantal et les enfants. On va aussi se promener un peu, question de passer le temps. Le 17, je prendrai l'avion direction Francfort, en Allemagne. Je dois passer cinq heures là-bas, je veux aussi me rapporter un souvenir. C'est la deuxième fois que je passerai par cette ville. C'est de cette région que mon ancêtre paternel est parti pour le Canada. Ensuite, je prendrai la direction de Montréal et finalement de Québec, pour arriver vers 13 h 30, si tout va bien.

Aujourd'hui, après mon tour de garde à l'hôpital, je vais aller faire un tour au bazar qui a lieu pratiquement tous les samedis. Je vais voir si je ne pourrais pas trouver quelques souvenirs. Comme j'en suis à ma deuxième mission ici, j'ai déjà pas mal vu tout ce qu'on pouvait acheter, car c'est toujours du pareil au même... Mais ça passe le temps d'aller négocier l'achat d'un foulard. La dernière fois que j'y suis allé, j'ai acheté un bibelot en forme de cheval. Le gars me le vendait soixante-dix dollars : il m'a dit que c'était une antiquité qui datait d'Alexandre le Grand... C'est drôle, car ils pensent pouvoir nous faire croire ça ! Je l'ai finalement eu pour vingt dollars. Je lui ai dit que je n'avais pas beaucoup d'argent. Il a accepté rapidement de baisser son prix. Peut-être que je viens de faire le *deal* de ma vie et que ça vaut une fortune, mais j'en doute...

Donne-moi de tes nouvelles, Roxanne.

Patrick

6 juillet 2009

Salut caporal,

    Je ne peux pas le jurer, mais je suis presque certaine que tu es malheureux de quitter l'Afghanistan avant la fin de ta mission. De laisser tes chums là-bas. D'abandonner les Afghans à leur triste sort.

    Mais là, il faut rentrer chez toi.

    En revenant des Grenadines, j'ai rencontré un homme qui s'acharne, depuis, à me fréquenter (eh oui). Il est croque-mort (eh oui). C'est bizarre. Des fois, il me raconte ses journées, ses nuits de garde. Il se rend dans des endroits terribles (lieux d'accidents, maisons d'enfants suicidés, etc.). Il voit le drame au quotidien, le regarde en face et le prend dans ses bras. T'imagines? Il finit toutes ses journées avec des images de deuil et de pleurs plein les yeux.

    Puis il revient chez lui.

    Il a deux garçons. Deux ados batailleurs qui subissent le contrecoup du récent divorce de leurs parents et qui ont besoin d'aide, d'encouragement dans leurs études. Il les a une semaine sur deux.

    Je pense que tu diras comme moi, caporal: mon croque-mort, il ne peut pas passer ses jours ni ses nuits à consoler des familles endeuillées. Il doit s'occuper de ses garçons. C'est même son premier devoir.

On ne peut pas sauver l'humanité, Pat. Ton engagement familial, il est aussi important que ton engagement militaire. Rentre auprès des tiens le cœur paisible et prends soin de ta femme, de tes enfants. Tu en as assez fait en Afghanistan. Maintenant, ta famille a besoin de toi et c'est ça qui compte.

Roxanne

19 juillet 2009

Salut Roxanne,

 Je suis de retour de cette mission que je qualifie aujourd'hui d'impossible. Comment est-ce qu'un politicien ou un chercheur peut juger de la situation en Afghanistan sans y avoir mis les pieds ?

 Moi qui quitte définitivement l'Afghanistan, je me sens soulagé, mais aussi anxieux pour mes frères d'armes qui auront encore trois mois à faire dans ce pays merdique et sans morale.

 Le 16 juillet, tôt le matin, j'ai appris la mort d'un de mes compagnons d'armes. Le choc est difficile à encaisser au lendemain de mon départ.

 C'est à mon retour au peloton de reconnaissance que j'ai rencontré Sébastien. C'était un jeune soldat, il avait vingt-six ans et seulement quelques années de métier. Pour se retrouver dans ce peloton aussi rapidement, il faut être un bon soldat. Sébastien en était un. La première tâche que j'ai effectuée, avant l'entraînement pour la mission, c'est avec lui que j'ai dû la faire. On s'est tout de suite bien entendus.

 C'était un gars fier. Il était beau, grand et fort. Stéréotype, mais c'est la vérité. Il avait une grande discipline personnelle et sa forme physique était exceptionnelle. Malgré cela, son surnom était « Princesse ». Sébastien avait besoin de confort. Mais rien comparé à la vie civile. Il s'arrangeait seulement pour être bien équipé et ne manquer de rien... Un peu plus que les autres. C'est pour ça qu'on lui avait donné ce surnom. Il avait pourtant beaucoup plus l'allure d'un Apollon que d'une princesse, mais c'est l'armée et on aime la taquinerie.

Étant plus vieux que la moyenne et père de trois enfants, j'ai souvent eu une relation différente avec les gars. Je n'ai pas eu la chance d'être aussi près d'eux, de sortir prendre un verre, d'aller au gym aux mêmes heures, etc. Ça ne nous rend pas plus distants, mais je me sens parfois comme un grand frère qu'on apprécie et qui est trop sage pour eux... C'est un peu cette relation que j'avais avec Sébastien. Je l'aimais beaucoup. Il avait un grand cœur.

Mon chum Sébastien Courcy est mort le 16 juillet au matin lors d'une opération. Ça aurait pu être n'importe lequel d'entre nous...

Je me souviens.

Là, présentement, je suis quelque part au-dessus de l'océan Atlantique, direction Montréal. Je sais déjà que je manquerai mon prochain vol, puisque mon vol actuel a été retardé de presque une heure et que c'est le temps que j'ai pour la correspondance pour Québec. Pas grave, c'est seulement quelques heures de plus avant de revoir ma famille que j'aime à la folie et que j'ai appris à aimer davantage avec ces épreuves, même si je sais qu'il y aura encore beaucoup d'embûches.

J'appellerai à la maison ou sur le cellulaire de Chantal pour qu'elle n'attende pas. J'espère que mon retour apportera le bonheur à ma famille. Que Dieu les bénisse, je les aime tant.

Patrick

21 juillet 2009

RECON Kègle,

On peut rien faire contre la mort physique. Elle est inévitable. Mais le souvenir reste. La mémoire. Il ne s'agit pas toujours de faire un geste en mémoire de, mais uniquement de se rappeler. Parce que tu te rappelles de ta mère, elle ne mourra jamais et c'est toi qui la sauves de l'oubli. Parce que tu ne l'oublies pas, tu témoignes à quel point elle a été importante. Sa vie a été importante.

De la même manière, Patrick, je pense que tu as sauvé beaucoup plus d'Afghans que tu peux l'imaginer. Et Sébastien Courcy aussi. Mets-toi dans la peau des Afghans qui se disent : « Des gens d'ailleurs, d'un autre pays, sont venus ici et sont morts pour nous. Notre sort préoccupe d'autres personnes à tel point qu'elles sont prêtes à sacrifier leur vie pour nous. » Tu imagines combien c'est important, c'est fort ?

En mission, tu me dis souvent que je suis gentille de prendre le temps de t'écrire. Et si j'avais sacrifié ma vie familiale, mon innocence, ma sécurité, mes nuits de tranquillité et risqué ma vie pour toi, qu'en dirais-tu ? C'est ce que tu as fait pour eux.

Ce que tu as fait pour sauver l'humanité n'est pas perdu, Pat. Ce que Sébastien a fait ne le sera jamais. Et c'est loin d'être un échec. Le sais-tu ?

Ta façon de sauver le monde, c'est de ne pas l'oublier. De ne pas oublier Sébastien, de ne pas oublier les souffrances des Afghans, de ne pas oublier leur stress ni leur détresse. Sois fier, Patrick. Toujours.

Retourne en paix vers ta famille.

Écris-moi quand tu arriveras.

Ton amie, Roxanne xx

La Citadelle

2009

12 septembre 2009

Allô Patrick,

    Je suis sans nouvelles de toi depuis des mois et je m'inquiète. Quand tu auras un moment, écris-moi, s'il te plaît.

                                          Roxanne

Québec, 10 décembre 2009

Salut Roxanne,

Y a longtemps qu'on s'est pas donné de nouvelles ! Tu me manques beaucoup !

J'en ai bavé, Roxanne. Je l'ai pas eu facile, j'en ai gardé des bouts pour moi...

Je suis rentré au pays pour cause familiale après quatre mois de mission. Je suis revenu sain et sauf, mais j'avais une mission encore plus difficile à accomplir à mon retour.

Comme tu le sais, ça n'allait pas très bien avec Chantal. Elle n'en pouvait plus de mon travail. J'ai alors acheté une ferme et nous avons déménagé pour changer d'air et essayer de ranimer la vie familiale. Mais c'était déjà trop tard. Les blessures étaient trop profondes pour guérir. J'ai essayé de sauver le monde et ma famille, mais j'ai mangé encore un coup : Chantal m'a quitté.

Une histoire de fous...

Je me suis retrouvé père célibataire avec quatre chevaux, quinze poules, quinze chèvres, huit chiens et cinq chats... Tu imagines le bordel ? Avec tout ce que j'ai vécu ces dernières années, j'ai broyé du noir au début.

Je me replace tranquillement. Je me suis fait une copine que j'aime beaucoup. Elle s'appelle aussi Chantal. Elle est jolie. Elle est infirmière, a trente-cinq ans et quatre enfants. Ça fait toute une famille quand on se réunit, on est neuf! Une chance que mon travail me donne un peu de répit, parce qu'avec sept enfants une semaine sur deux, c'est tout un boulot! Chantal et moi, on pourrait facilement devenir chefs cuisiniers ou superviseurs d'entretien ménager!

J'essaie de refaire ma vie et ça marche assez bien. J'ai encore des souvenirs de Kandahar qui me hantent. Je sais que ça fait partie du syndrome post-traumatique de la mission, mais je vais m'en sortir plus rapidement qu'au retour de Kaboul. Mon syndrome post-traumatique n'est pas lié au combat, mais aux images d'enfants qui me restent en tête.

J'ai envie de te raconter un épisode que j'ai vécu et qui m'a quelque peu bouleversé. Ce n'est pas une situation de combat, mais je pense que, pour un homme (un père), c'est encore pire mentalement.

Nous étions en patrouille dans les rues d'un village situé dans le nord du district de Zhari-Panjwai. Le but était d'aller reconnaître le pont où nous avions subi quelques rafales (je te l'ai raconté). Dans les rues, c'était la vie typique de ce pays: les gens marchandaient et prenaient le thé. Nous arpentions la rue en deux files indiennes. Nous étions vigilants, car ce district est un des bastions talibans.

À un moment, une moto est apparue au loin. Mes collègues qui étaient à l'avant ont fait signe au motocycliste d'arrêter, mais il n'a pas bronché. Les gars ont insisté avec des gestes plus persuasifs, mais la moto fonçait toujours vers nous. Nous devons toujours respecter les règles d'engagement. La prochaine étape consistait à tirer un coup de semonce. La prise de décision et la séquence doivent s'effectuer très rapidement, car, si c'est un kamikaze, c'est ce temps de réaction qui sauverait nos vies.

La rue était bondée de gens. Le coup de semonce fut tiré (de façon à éviter tout dommage collatéral). C'est à ce moment que le motocycliste s'est réveillé soudainement. Il a freiné et dérapé sur cette rue de terre battue. Le choc fut assez violent pour cet homme, mais mon Dieu ! à l'arrière, il y avait un petit bonhomme d'à peine quatre ans qui a été propulsé ! Par chance, ils n'ont rien eu. Le conducteur était sûrement le père de l'enfant. Il avait l'air gelé. On voit ça souvent. Opium, hasch, marijuana, c'est courant là-bas. Ça aurait très bien pu être un kamikaze. Il nous a forcés à intervenir.

Il y a cette scène avec un enfant de quatre ans, elle me revient souvent en tête. Quand je suis parti à Kandahar, Ulrich venait de naître. Ma grande peur, c'était qu'il ne connaisse pas son père.

Alors, je te laisse imaginer ce que ça peut faire dans la tête d'un père de famille, ce genre d'événement...

Je suis dorénavant le maître-chevrier du Royal 22e Régiment, je travaille à la Citadelle. Mes enfants préfèrent m'avoir à temps plein, alors, malgré mon syndrome post-traumatique, j'ose croire et espérer que je suis une bonne personne et un bon père.

Merci d'être là! J'espère que tu ne me lâcheras pas. Tu es une amie précieuse pour moi. Tu m'as supporté dans mes missions, parfois plus que ma propre famille!

Donne-moi de tes nouvelles.

Pat xx

12 décembre 2009

Pat Kègle,

Tu en mènes large, pour une petite barque d'humain, tu trouves pas ? Retour de mission, déménagement, divorce, nouvelle blonde, gestion du syndrome post-traumatique... T'exagères pas un peu ?

Moi, je ne connais pas ça, mais je pense que la première personne à sauver, c'est soi-même. Tu sais ce qu'ils disent, dans les consignes de sécurité des avions : si l'oxygène vient à manquer, commencez par mettre votre propre masque, et ensuite seulement, aidez les autres. Dans la vie en général, plus on est calme, plus on arrive à aider ceux qui en ont besoin.

Depuis que je te connais, tu essaies de sauver le monde, alors là, tu dois porter malgré toi, mon ami caporal, un échec qui te dépasse. En vous envoyant en Afghanistan, les boss de l'armée vous ont mis devant un défi insurmontable et tu as l'impression de n'être pas parvenu à sauver les enfants qui se font battre, les petites filles qu'on enlève de leur foyer, les femmes qui sont maltraitées, l'enfant au pied noir.

Mais c'est juste une impression, Pat. Moi, je pense que tous ces gens que tu as regardés, tous ceux que tu portes en toi, en images cauchemardesques et post-traumatiques, ils sont sauvés parce que tu les as tirés de l'abandon et que tu les as sortis de l'indifférence dans laquelle le reste de l'humanité les jette.

Ne porte pas ton syndrome post-traumatique comme une plaie amère ou honteuse. Sinon, tu vas lutter trop durement et ça va te ravager. Peut-être que tu peux le vivre autrement ? Peut-être peux-tu le porter comme une fierté ? Toi, mon ami, tu es sensible au monde, si sensible et généreux que tu es prêt à porter ce monde dans ton cœur, même si c'est difficile et parfois insupportable.

Je sais qu'il y a des choses que tu ne m'as pas dites. Je le sais très bien. Parfois, quand tu m'écris, je vois, dans l'interligne, l'inimaginable que tu ravales en silence. Et c'est pour ça aussi que je t'aime tant.

Tu as pris Chantal et les Afghans sur tes épaules. Maintenant, débarque-les de là. Accepte qu'ils se portent eux-mêmes ou qu'ils soient portés par d'autres épaules. Et accepte de prendre soin de toi (de tes enfants, de ta nouvelle blonde). Juste ça. Parce que tu as besoin de ton oxygène, respire. Porte le souvenir, mais ne te rends pas responsable de leur sort. Tu ne l'es pas et ne l'as jamais été.

Tu es un père excellent, j'en suis sûre. Et une personne exceptionnelle, Patrick Kègle. Je suis contente que tu aies trouvé une femme qui t'aime. J'espère qu'elle prend soin de toi comme tu le mérites. Car tu le mérites, Pat. Je suis fière d'être ton amie, fière d'avoir créé avec toi cette citadelle de l'amitié où le refuge est possible. Merci pour tout.

Roxanne

12 décembre 2009

Salut Roxanne,

Je veux te dire combien ton courriel m'a touché !

Sérieusement, personne ne m'a écrit une chose pareille, qui touche qui je suis et ce que je pense. Je ne sais pas comment te remercier. Je l'ai tout de suite lu à mon amoureuse et elle aussi a beaucoup aimé.

Ça me fait penser : est-ce que tu vois encore le croque-mort ?

Merci mille fois de me donner de ton temps précieux. J'apprécie du fond de mon cœur !

Moi aussi, j'ai confiance en toi.

Ton ami, caporal RECON Kègle ! xx

14 décembre 2009

Allô Pat,

Oui, je fréquente encore le croque-mitaine ! Ça commence même à ressembler à une vraie histoire d'amour...

C'est un engagement qui va vite et il m'arrive de vouloir m'enfuir. J'ai même tendance à nous saboter. Je suis peut-être une traumatisée de l'amour, une post-trauma de la séparation. Je dois faire attention. J'apprivoise tout ça, j'apprends. Mon chum est ben patient !

Y a des endroits où je ne me pose pas de questions. En mer, par exemple. En voilier, tout est simple, et quand le soleil se lève à l'horizon, on dirait que j'ai le droit de m'imaginer seule au monde, de savourer en paix la pureté transparente du jour et le goût amer du café. J'ai juste à tourner mon visage vers le large, à trouver le sens du vent, à ajuster les voiles.

Mais cette liberté commençait à goûter la solitude... Alors je suis contente d'aimer un homme. Mais c'est difficile de m'abandonner ! Je suis moi-même, en ce moment, mon plus grand combat, mon propre champ de bataille et mon propre ennemi.

Je ne sais pas ce qui fait les héros, Pat, mais si je m'en sors vainqueur, il faudra que tu me donnes une petite médaille, un petit bravo de rien du tout, écrit dans tes mots d'ami, tes mots d'homme vaillant dont j'admire l'entêtement au courage...

Parlant de mots... J'ai reçu une proposition nous concernant, toi et moi.

J'ai lu ta dernière lettre juste avant d'aller dîner avec mon éditeur. Il m'a demandé ce que j'écrivais ces temps-ci et j'ai répondu : « De la correspondance militaire ! » Il m'a posé des questions et je lui ai parlé de nos échanges. Tu sais ce qu'il m'a dit ? Qu'il voudrait qu'on en fasse un livre et qu'on publie ça !

Alors, je suis allée (re)lire tout ce que nous avons écrit. J'ai égaré pas mal de lettres, mais y aurait moyen de reconstruire notre correspondance, si tu veux.

Je sais pas si ça t'intéresse, mais l'idée est là. Tu me diras ce que tu en penses.

Roxanne xx

14 décembre 2009

Salut Roxanne!

Moi, ce sont mes épaules qui me minent la vie... J'ai mal jusqu'au bout des doigts. C'est apparu après que je sois passé sur cette mine, et j'ai de la misère à entendre. Chantal, ma nouvelle copine, et les enfants se moquent de moi, car ils peuvent parler et dire des niaiseries sur moi sans que j'entende! Mais on doit garder le moral si on veut espérer avoir une vie agréable! Je suis toujours amoureux et ça s'accentue!

Il était temps que tu rencontres un homme, Roxanne, et que tu t'engages! Arrête d'avoir peur! Faut pas que tu finisses vieille fille!

On se met à l'écriture? Excellent! J'en arrache, des fois, alors ça ne pourra que me faire du bien. Je vais essayer de récrire les lettres perdues si jamais je ne les retrouve pas. Je me souviens de tout sur ces missions, j'ai encore une très bonne mémoire. Tu me diras ce que tu penses des textes, on les retravaillera. J'enlèverai les choses qui sont personnelles à mon peloton.

Je suis content!

Est-ce que vous descendez à Québec, des fois, ton chum et toi? Samedi prochain, c'est congé. Je serai à la maison avec Chantal et les enfants. Ça vous tenterait pas de venir souper? On pourrait parler de notre projet. Ça fait des années qu'on s'écrit et on s'est jamais vus!

Tu m'avais promis une bière si je revenais de Kandahar, t'en souviens-tu?

Tu pourrais rencontrer mes enfants et Chantal.

Courage, Roxanne. Et mes salutations à ton amoureux!

Pat xx

16 décembre 2009

Salut Pat,

Mon chum ne travaille pas en fin de semaine, ça fait que... on en a parlé pis il paraît qu'on descend à Québec!

File-moi ton adresse qu'on trinque à ton retour!

On apporte quoi?

Roxanne xx

18 décembre 2009

Salut Roxanne,
S'il te reste du rhum du Sud, apporte-le !
Je te donne mon adresse.
À demain,

                                                  Pat xx

Annexe 1

Afghanistan – chronologie simplifiée[1]

1921 : L'Afghanistan accède à l'indépendance après avoir été longtemps l'objet de rivalités entre l'Angleterre et la Russie. Le pays devient le royaume d'Afghanistan en 1926.

1973 : Coup d'État militaire qui instaure une république.

1978 : Installation d'un régime prosoviétique à la suite d'un nouveau coup d'État.

1979 : Coup d'État militaire soutenu par l'URSS qui met Babrak Karmal au pouvoir. Les troupes russes occupent le territoire et sont combattues par les moudjahidines (combattants islamiques).

---

1. Sources diverses, dont : fr.wikipedia.org/wiki/Rôle_du_Canada_en_Afghanistan#Op.C3.A9ration_Apollo_-_d.C3.A9ploiement_initial_.282001-2002.29 ; lexpress.fr/actualite/monde/asie/chronologie-de-l-afghanistan-1921-2012_499047.html ; thucydide.com/realisations/utiliser/chronos/afghanistan.htm ; defense.gouv.fr/operations/afghanistan/dossier/afghanistan-chronologie-et-reperes-historiques.

1989 : Retrait de l'Armée rouge. Début de la guerre civile entre le gouvernement et les moudjahidines.

1992 : Fin du régime communiste et institution d'une république islamique. Guerre civile entre les diverses factions moudjahidines.

1996 : Les talibans (étudiants en religion), qui contrôlent déjà une partie du pays, s'emparent de Kaboul et prennent le pouvoir. Dès lors, le régime taliban accroît son emprise sur la société et impose sa vision rigoriste de l'islam.

1999-2000 : Le Conseil de sécurité de l'ONU adopte des sanctions contre les talibans en raison de leur soutien au terrorisme.

11 septembre 2001 : Attentats contre le World Trade Center et le Pentagone. Le mouvement Al-Qaïda, basé en Afghanistan, est tenu pour responsable de ces actes.

28 septembre 2001 : Le Conseil de sécurité de l'ONU autorise les États à agir, dans le cadre de la légitime défense individuelle ou collective, pour prévenir les actes terroristes.

7 octobre 2001 : Début de l'opération *Enduring Freedom*. Les États-Unis attaquent et bombardent l'Afghanistan afin de trouver Oussama Ben Laden. Le premier ministre du Canada Jean Chrétien annonce que le Canada contribuera sur le plan terrestre, maritime et aérien à la guerre contre le terrorisme. L'opération *Apollo* est établie le même jour en soutien à l'intervention américaine en Afghanistan.

20 décembre 2001 : Création par l'ONU de la Force internationale d'assistance à la sécurité (FIAS), vaste coalition de pays volontaires, dont le mandat initial est d'aider les autorités intérimaires afghanes à maintenir la sécurité à Kaboul et dans ses environs pour permettre la reconstruction du pays après la chute du régime taliban.

28 mars 2002 : Création de la Mission d'assistance des Nations Unies en Afghanistan (MANUA) qui coordonnera les efforts de la communauté internationale en matière d'aide humanitaire, de reconstruction et de développement.

13 juin 2002 : Hamid Karzaï est élu à la tête de l'autorité afghane de transition.

11 août 2003 : La FIAS passe sous l'autorité de l'OTAN.

2003-2005 : Première phase de l'opération *Athéna* : Dans le cadre de la FIAS, dont le Canada assure le commandement au cours de l'année 2004, un contingent de mille neuf cents soldats canadiens est déployé à Kaboul, dans l'est du pays, pour aider à la reconstruction et à la réparation d'infrastructures civiles.

9 octobre 2004 : Première élection présidentielle démocratique en Afghanistan, remportée par Hamid Karzaï.

2005-2011 : Deuxième phase de l'opération *Athéna* : Les Forces canadiennes sont déployées dans la région instable de Kandahar. Les talibans y contrôlent plusieurs secteurs et s'engagent dans des offensives majeures contre les forces de la coalition. Depuis 2006, environ deux mille huit cents soldats canadiens sont stationnés en Afghanistan. Ces soldats sont sujets à des rotations environ tous les six mois. Les troupes sont généralement formées autour d'un des neuf bataillons d'infanterie de la force régulière et composées d'éléments spécialisés d'autres unités (artillerie, blindés, reconnaissance).

2-4 avril 2008 : Le sommet de l'OTAN à Bucarest définit les principes de la présence de la communauté internationale en Afghanistan : engagement à long terme des alliés ; soutien apporté aux autorités afghanes pour leur permettre de prendre en charge leur propre sécurité ; coordination des efforts militaires et civils ; coopération régionale, en particulier avec le Pakistan.

12 juin 2008 : Conférence internationale de soutien à l'Afghanistan organisée à Paris, où soixante-huit pays et dix-sept organisations internationales s'engagent à soutenir la mise en œuvre de la Stratégie nationale de développement de l'Afghanistan (ANDS). Les promesses de dons s'élèvent à vingt milliards de dollars.

2 novembre 2009 : Hamid Karzaï est reconduit à la tête de l'État afghan à la suite d'un scrutin présidentiel controversé.

20 juillet 2010 : Conférence internationale de Kaboul durant laquelle est annoncé le plan de transition qui prévoit le transfert progressif de la pleine responsabilité des districts et des provinces afghans aux autorités afghanes.

2011 : Les Forces canadiennes terminent leur mission de combat en Afghanistan en vertu d'une motion parlementaire adoptée en 2008. Cependant, le gouvernement conservateur du premier ministre Stephen Harper a décidé en 2010, avec le soutien de l'opposition libérale, qu'un contingent d'environ neuf cent cinquante soldats resterait sur place jusqu'en 2014 pour l'entraînement des troupes afghanes.

Annexe 2

L'ORDRE TALIBAN[1]

Le 28 septembre 1996, les talibans entrent dans Kaboul. Après quatre ans de guerre civile, les Afghans se croient libérés. Le lendemain, stupeur: ils prennent connaissance des tracts distribués en ville, et des affiches qui clament ceci:

« Notre *watan* (pays) s'appelle désormais l'Émirat islamique d'Afghanistan. Voici les lois que nous allons faire appliquer et auxquelles vous obéirez:

Tous les citoyens doivent prier cinq fois par jour. Quiconque sera surpris à faire autre chose au moment de la prière sera battu.

Tous les hommes doivent se laisser pousser la barbe. La longueur correcte est d'au moins un poing au-dessous du menton. Quiconque refusera de respecter cette règle sera battu.

Tous les garçons doivent porter le turban — noir pour ceux scolarisés en primaire, et blanc

---

1. Source: Khaled HOSSEINI, *Mille soleils splendides*, Éditions 10/18, 2007, 411 p., pp. 274-275.

pour ceux des classes supérieures – ainsi que des habits islamiques. Les cols de chemise seront boutonnés.

Il est interdit de chanter.

Il est interdit de danser.

Il est interdit de parier et de jouer aux cartes, aux échecs et aux cerfs-volants (jeux traditionnels).

Il est interdit d'écrire des livres, de regarder des films et de peindre des tableaux (tous les livres, films, télévisions furent brûlés, sauf le Coran).

Quiconque gardera des perruches chez soi sera battu et ses oiseaux tués.

Quiconque se rendra coupable de vol aura la main coupée. Et s'il recommence, il aura le pied coupé.

Il est interdit à tout non-musulman de pratiquer son culte en un lieu où il pourrait être vu par des musulmans, au risque d'être battu et emprisonné. Quiconque sera surpris à essayer de convertir un musulman à sa religion sera exécuté.

À l'attention des femmes :

Vous ne quitterez plus votre maison. Il est inconvenant pour une femme de se promener dehors sans but précis. Pour sortir, vous devrez être accompagnée par un *mahram,* un homme de votre famille. Si vous êtes surprise seule dans la rue, vous serez battue et renvoyée chez vous.

En aucun cas vous ne dévoilerez votre visage. Vous porterez une burqa à l'extérieur de votre maison. Sinon, vous serez sévèrement battue.

Il vous est interdit de vous maquiller.

Il vous est interdit d'arborer des bijoux.

Vous ne vous afficherez pas avec des vêtements aguichants.

Vous ne parlerez que lorsqu'on vous adressera la parole.

Vous ne regarderez aucun homme droit dans les yeux.

Vous ne rirez pas en public. Sinon, vous serez battue.

Vous ne vous vernirez pas les ongles. Sinon, vous serez amputée d'un doigt.

Il vous est interdit d'aller à l'école. Toutes les écoles pour filles seront fermées.

Il vous est interdit de travailler.

Si vous êtes reconnue coupable d'adultère, vous serez lapidée (ce qui est fait à la mi-temps des matchs de foot).

Écoutez bien et obéissez. *Allah-u-akbar* (Dieu est grand). »

Remerciements

Merci à ma famille, à mes enfants, à mes frères d'armes, au Royal 22ᵉ Régiment que je sers avec fierté, à ceux qui sont morts au combat (plus spécialement à Sébastien Courcy) et à Roxanne pour cette correspondance et cette amitié qui durent toujours.

Patrick

Merci à mes parents qui m'ont appris à regarder au-delà des apparences et à Patrick qui m'a forcée à le faire.

Roxanne

Table

Présentation du projet 9

Des vacances à Kaboul - 2004............. 11

Atterrissages forcés - 2004-2009 95

Kandahar – Les Grenadines - 2009 155

La Citadelle - 2009....................... 207

Annexes 225

Remerciements 235

Cet ouvrage composé en Eidetic Serif corps 11 a été achevé d'imprimer au Québec
sur les presses de Marquis Imprimeur en avril deux mille treize
pour le compte de VLB éditeur.